别等孩子长大了，你才后悔管得太多

郭志刚◎著

北京工业大学出版社

图书在版编目（CIP）数据

别等孩子长大了，你才后悔管得太多 / 郭志刚著.
—北京：北京工业大学出版社，2018.6
ISBN 978-7-5639-5939-6

Ⅰ. ①别… Ⅱ. ①郭… Ⅲ. ①家庭教育 Ⅳ. ①G78

中国版本图书馆 CIP 数据核字 (2018) 第 001214 号

别等孩子长大了，你才后悔管得太多

著　　者：郭志刚
责任编辑：翟雅薇　钱子亮
封面设计：周　飞
出版发行：北京工业大学出版社
　　　　　（北京市朝阳区平乐园 100 号　邮编：100124）
　　　　　010-67391722（传真）　bgdcbs@sina.com
出 版 人：郝　勇
经销单位：全国各地新华书店
承印单位：香河利华文化发展有限公司
开　　本：787 毫米 ×1092 毫米　1/16
印　　张：16
字　　数：207 千字
版　　次：2018 年 6 月第 1 版
印　　次：2018 年 6 月第 1 次印刷
标准书号：ISBN 978-7-5639-5939-6
定　　价：35.00 元

前　言

　　孩子往往是一个家庭的重心，自出生之日起就承载了父母甚至家族的希望。为了让孩子出类拔萃，很多父母都力求在培养孩子的过程中做到尽善尽美。

　　为了不让孩子输在起跑线上，有的父母甚至从孕期就开始为孩子的人生做规划。无论是孩子的人生目标、成长经历、人际交往还是兴趣爱好等，父母都要严格把关、一手包办。例如，让孩子报学各种"对他好"的补习班，每次开学全家人都兴师动众，为孩子选择大学学校和专业，帮助孩子找工作，等等。

　　在培养孩子方面，父母也是不计成本地进行投资，只为把最好的一切都给孩子。此外，为了保证科学、有效地管教孩子，父母还努力学习各种家教知识，从物质、精神上把孩子照顾得细致入微，唯恐因为自己的失误而影响孩子的成长和成才。

　　为了保证孩子的成长不偏离父母的安排，有的父母甚至密切监控孩子的言行。例如，通过搜查孩子的卧室、电脑等来窥探孩子的隐私，监督孩

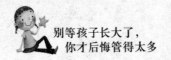
子完成家庭作业，要求孩子每天都要详细汇报自己的情况，强行规定孩子的穿着打扮，等等。

父母还竭尽所能地为孩子创造更好的生活。为了孩子将来能够飞黄腾达，他们不惜牺牲自己的青春为孩子的成长铺路，帮助孩子斩断所有的荆棘、避开所有的障碍，让孩子能够更顺利、更迅速地登上人生巅峰。但是，这种无私的爱真的对孩子好吗？

不得不说，父母对孩子的成长管得太多了！对此很多父母会理直气壮地说："孩子还小，什么都不懂，万一选择错了怎么办？我必须帮他安排好一切。"其实父母每帮助孩子做一次选择，孩子就丧失了一次成长的机会。

孩子自出生之日起就是一个独立的生命个体，他们有自己的智慧和思想，也具备充实自我、成就自我的能力，他们需要的只是父母的引导和适当的点拨，而非全程包办或干预。孩子的判断能力、思维能力、适应能力、学习能力等都需要在一次次人生选择中锻炼出来。只有体验过错误的代价，孩子才能更理智地进行思考，体会生活的乐趣和生命的意义。所以，在孩子成长的过程中，父母要适当放手，不要对孩子管得太多，让孩子自己去经历、去选择、去成长。

本书从亲子互动中的点滴入手，用一个个具体事例向家长们讲述如何在管得少的情况下培养孩子，让孩子既能体会到父母的关爱，也能自由、健康地成长。总而言之，为人父母者，只要为孩子提供较好的成长环境，教给他基本的生活常识和社会规则，就可以大胆放手，让孩子自己创造未来。别等到孩子长大了才后悔以前管得太多、管得太紧，束缚了孩子的心性。

目　录

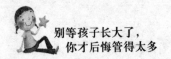

第三章 父母会"管教"，孩子更易学会自我激励

第四章 惩罚和说教不利于激发孩子的正能量

第五章　父母早些放开手，孩子的创造力会更强

第六章　不做"守护"父母，让孩子在劳动中"创收"

第七章　父母少管束，孩子才能走出自己的路

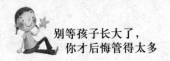
第八章 与其多插手，不如让孩子锻炼能力

第九章 说到不如做到，父母要成为孩子的好榜样

第十章 理性对待孩子的坏习惯

第一章 别以爱的名义 "管制"孩子的自由

父母"设定"好的人生并不是孩子想要的

现如今，越来越多的父母热衷于为孩子计划未来、设定人生，有些父母甚至在孩子出生的时候就已经计划好了孩子二十年后的生活。在这样的家庭里，孩子连起码的自由都不具备，又何谈快乐？父母却将这所有的一切归因于对孩子的爱。试问，这是真正的爱孩子吗？

爱是自由、是接纳、是真诚的沟通，显然父母所谓的这些"爱"是强加给孩子的，孩子可能并不乐意接受。俗话说"强扭的瓜不甜"，孩子随着年龄的增长，自我意识也在逐渐增强，他们需要也有权利为自己的人生做出选择，为自己的将来谋划幸福。而父母如果强行介入，很可能会适得其反，严重地打击到孩子的自尊心和自信心。迫于父母的"威严"，一些孩子可能会选择妥协，以至于长大后变得唯唯诺诺、没有主见；而另一些孩子可能会选择反抗，直至与父母"为敌"。其实，这些都不是真正的爱，只是父母以"爱"的名义给孩子套上的"枷锁"。

"儿子，你表弟去艺校学唱歌了。你也学点特长，去学跳舞吧！"饭桌上，妈妈试探着问儿子。

"男孩子跳什么舞啊，我不想去。再说这哪算学特长啊，我去上了艺校就意味着我以后就要靠这个吃饭了！"儿子坚决不同意。

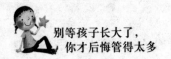
"跳舞有什么不好的？你看电视上人家那些男孩子舞跳得多好，再说你也有这身材，长相也好，说不定将来还能成名呢！"

"都是吃个青春饭，男子汉岂有去卖艺的说法！还是学技术好！"低头吃饭的爸爸开口了。

"技术有什么好的，也就是当个工人，又脏又累的。你倒是学技术了，现在不也没成事嘛！"妈妈反驳道。

"你……"

"我什么我！跳舞怎么不好了？看人家跳两步就能挣钱，工作环境也好，再说即使不成名以后也可以当舞蹈老师嘛！儿子听我的，学跳舞去！"

"你们别吵了，也不问问我喜欢不喜欢。我现在才上初一，让我好好上完学行不行？你们说的我都不想学！"儿子气愤地摔下筷子起身离开了。

"你给我回来！学跳舞，没商量！"妈妈冲着儿子的背影喊道。

很多家庭中不乏如此"强势"的母亲，她们都有着"望子成龙"之心，却常常活在自己的幻想中，希望孩子能照她们的意愿去成为一个完美的人。爱子总没错，错就错在过于急切和盲目。家长往往认为自己的决定是完全正确的，可是人生有各种不同的选择，孩子的人生应该由他们自己来做主。

尽管强势的父母可以逼迫孩子顺从自己，但长期来看，这种行为会对孩子的性格造成很大的影响。孩子或是失去自主性，将原本应该自己决定的事情交与别人做决定，依赖别人；或是长久积压在心中的怒火瞬时爆发，造成两代人反目的结果。所以，在教育孩子的时候，父母要多倾听孩子自己的想法，多给予孩子些自由。

父母管束孩子的出发点都是爱，但爱是引导而不是强迫，爱也要讲究方法和技巧。孩子在逐渐长大的同时心智也在日益成熟，他们完全有能力去选择自己的喜好和兴趣，只要大方向是对的，父母都应该尊重孩子的决定，毕竟孩子比父母更了解自己。所以，能让孩子自己决定的事情，父母可以放心交给孩子去决定。

在日常生活中，家长对孩子要多一点耐心，切勿采用过激手段向孩子施压。家长采用打骂等手段只会导致孩子内心深处产生更多的叛逆和反抗，最终事情不但不会朝着父母预计的方向发展，反而更容易让孩子产生"以暴制暴"的心理，破罐子破摔，用糟蹋自己来报复父母。所以，即使面对孩子"很不靠谱"的一些选择，父母也切莫采取打骂等手段，而是应该多与孩子沟通，耐心地去倾听孩子的想法。

"妈，你说我高考是以特长生的身份报名呢还是怎样？"小琳最近总是在犹豫即将到来的艺术招考要不要报名。

"你自己认为呢？你喜欢你的特长吗？"妈妈反问道。

"其实您当初让我学的这项特长我并不是很喜欢，虽然逐渐也培养起了兴趣，但总不是我想要的，画画没什么不好的，但我的理想是做主持人。"

"那这些年你学画画不就算白学了吗？也没给你帮上什么忙。"

"不会啊，其实学习画画让我的心变得更沉稳了，也更善于思考了，毕竟安静的环境给了我很多思考的时间。"

"那你的意思是不参加艺考了？"

"我也一直在犹豫，但我更倾向于正常考入大学去学我喜欢的播音主持专业，所以，我决定不考了。"

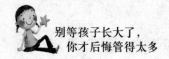

"你能坚持自己的梦想很好，放弃原有的优势也并不一定是坏事，这可以让你深入其他领域，并且还是你喜欢的领域，妈妈支持你的决定。"妈妈思考了片刻决定尊重孩子自己的选择。

"真的呀？那这些年的钱不是白花了吗？对不起妈妈！"小琳感觉很愧对妈妈，但内心也非常高兴妈妈能认可自己的决定。

"就当作业余爱好吧，你已经长大了，妈妈相信你能对自己的未来负责！"妈妈语重心长地说。

"谢谢妈妈，我会努力的！"

尊重孩子，给孩子一个自由的空间，对孩子和家长双方其实都好。父母过度的关爱只会逐渐侵蚀孩子的心灵，孩子也会想方设法加以逃避。多引导、少约束才是父母明智的选择，孩子也会因为有如此开明的父母而骄傲自豪。

文学家萧伯纳说过："在这个世界上取得成就的人，都努力去寻找他们想要的机会，如果找不到机会，他们便自己创造机会。"机会与自由是相辅相成的，父母要多给予孩子自由，放手给予孩子选择自己人生的机会，这样才能解放孩子的头脑、双手、空间和时间等，使他们能充分体会到自由的快乐，从而从自由的生活中得到真正的教育。

父母的唠叨只会给孩子套上"枷锁"

在生活中，我们时常会看到这样一种现象：父母常常因为一件小事反复地叮嘱和唠叨，生怕孩子记不住。而许多孩子心里虽然很不耐烦，但迫于父母的"权威"也只能装作在听，直到后来练就了"选择性失聪"的本领，也逐渐变成了父母眼中"不听话"的孩子。

父母的唠叨究其原因无外乎是出于对孩子的爱，有时是怕孩子吃亏，有时是出于对孩子的保护，等等。但父母的唠叨翻来覆去也就是那么几句话，往往没有什么新意，这就让许多孩子着实很苦恼。其实，唠叨是一种变相的施压，是一种无形的枷锁，时间久了、次数多了就会压得孩子喘不过气来。而处于青春期的孩子对这种唠叨甚是反感，它不仅限制了孩子的自由和选择的权利，还会打消孩子的积极性和自信心，给孩子造成巨大的心理压力。

"小叶，这次考试小强考了多少名啊？"吃饭的时候，妈妈对小叶问道。

"第五名。"小叶只顾埋头吃饭，已经预感到新一轮的暴风雨即将到来。

"那隔壁芳芳呢？"妈妈又问道。

"好像是第三名吧。"

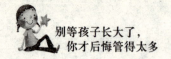
　　"你看人家的孩子都是怎么学习的，天天都跟你一块上学放学，都比你考得好，你也真争气，给我考个三十名回来！"

　　"我这次没考好嘛！"小叶辩驳道。

　　"你哪次考好了？还没见你进过前二十名呢！人家孩子也是养，我们也是养，怎么就这么大差距呢！"妈妈见小叶没说话，又继续道，"我和你爸像你这年龄时可比你强多了，别说在班里，年级排名我们都是前几名，可你怎么就这么不争气呢！"

　　"妈你让我好好吃顿饭行不？"小叶表现出了不耐烦，妈妈每次一说到成绩总是把这陈芝麻烂谷子的事给翻出来做一番对比。

　　"说你你还不听，人家小强还是单亲，看人家多争气，我和你爸都把你宠坏了，下次能考好点不能？"妈妈还是没有丝毫停下的打算。

　　"你老是比这比那的，就看不到我一点好！"小叶顶撞道。

　　"你有什么优点值得我表扬的？连个好成绩都考不了，让我在邻居们面前很没面子！跟你说，下次……"

　　"烦死我了！"小叶打断妈妈，扔下碗筷摔门而出。

　　父母希望孩子考出好成绩，这原本没有错，但一味地揪住这件事唠叨个不停，拿自己的孩子和其他孩子对比而不是寻找解决办法，会严重伤害到孩子的自尊心和自信心。即使父母想要孩子向某人学习，这种唠叨个不停的说服方式不但起不到引导作用，反而会让孩子反感和厌恶。父母老是拿自己当初如何优秀来刺激孩子，也不是明智的行为，这会让孩子的逆反心理极度膨胀。毕竟时代不同了，孩子生于这个时代，承受的学习和精神压力要远高于父母的时代，他们所具备的素质也是父母在当时所达不到的，放在同一时代之下，孩子更优秀也很有可能。批评教育不是不可以，但是机械式地重复那些唠叨的话只会加重孩子的心理负担。所以,教育孩子时,父母一定要避免重复唠叨。

首先,父母切忌总是盯着孩子的缺点不放。缺点人人都有,但若只看到孩子的缺点而不提孩子的优点,总是喋喋不休地批评和指责孩子的缺点,不但不会激励孩子改正缺点,反而会导致孩子形成自暴自弃、破罐子破摔、"反正我已经这样了,你随便吧"的不健康心理。

其次,教育孩子需要的是指导而不是唠叨。指导不同于唠叨,它是和蔼的、言简意赅的,是把话说到点子上的一种交流。而唠叨则常常是话多且密又无重点的车轱辘话,带有指责和警告的成分,是不尊重和不信任孩子的表现。指导能让孩子心平气和地接受,而唠叨则会使孩子厌恶和反感。所以,在教育孩子的过程中,父母要多些指导少些唠叨。

最后,放手让孩子处理自己的事情,并让他们自己承担后果。孩子比父母更了解自己,对于孩子认为自己力所能及的事情,父母要放手让孩子自己去解决,并让他们自己承担后果。这不仅可以逐渐培养出孩子的自信心和责任感,还会省去父母的很多唠叨,其实孩子只要吃一次亏,就会有深刻的记忆,比父母警告千遍万遍效果要好很多。

"妈妈,最近我总是感觉学不进去,也不知道自己在想什么,这次考试也考得很不理想。"

"是有什么心事吗?"妈妈问道。

"我不好意思说……"女儿面对青春期的萌动不好意思向妈妈开口。

"是不是关于男孩子的事啊?"妈妈笑着试探。

"你怎么知道的?最近我收到了班里一个男孩子的信,他说喜欢

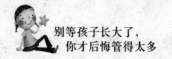
我，弄得我都不知所措了。"

"原来是这样啊，那怪不得呢！你已经是大孩子了，妈妈只能跟你说早恋不好，看你现在的学习状态就知道了，剩下应该怎么做，妈妈尊重你的决定。"

"可我还是不好意思拒绝人家，毕竟我也没经历过，不知道该怎么处理。"

"不要耽误学习就行，还是自己解决，妈妈相信你有能力处理好！"

"我同学的妈妈一听说这事就不让她出门，还禁止她和男孩子来往，总是唠叨个不停。妈妈，你放心让我自己处理啊？"

"不让你自己处理你永远都不会知道怎么处理，我再怎么唠叨也没用。其实你自己心里已经有想法了对不对？"妈妈笑着问。

"还是你了解我，那我知道了，谢谢妈妈！"

面对孩子青春期容易出现的问题，父母不要惊慌，对孩子的事情总是指指点点唠叨个没完并不能真正解决问题。青春期的孩子已经具备足够的能力为自己做决定了。在日常生活中，父母要多指导、少唠叨，试着走进孩子的内心，这样才能引导孩子朝正确的方向发展。

懂得教育之道的父母往往是宽容、慈祥和懂得倾听的，他们知道尊重孩子的首要前提就是多听而不是多说，只有充分地信任和了解孩子后，提出的建议才能更容易让孩子认同和接受。所以，好的父母不会唠叨自己的孩子。

父母别把自己的理想强加在孩子身上

很多父母不仅将全部的爱都给予了孩子，同时也将自己的期望和梦想一并压在孩子还不够坚实的肩膀之上。父母为生活而奔忙，回首过去仍留有很多遗憾，在发现离自己的梦想渐行渐远的时候，他们便将未实现的梦想顺势都转移到了孩子的身上，把孩子当作了自己生命的延续，希望在自己的精心培养下终有一日孩子能替自己去实现梦想，完成自己的夙愿。

可是孩子并不是父母的附庸和工具，他们也是独立的个体，也有自己的思想和愿望。成长是属于孩子自己的，将来走什么样的路，成为什么样的人，都应该由孩子自己来选择，他们没有义务去为父母的梦想而活。父母也不应该利用家长的权威来逼迫和左右孩子的未来，"物极必反"，强行逼迫的后果往往只会让孩子与父母的期望背道而驰。

"爸，我真的不想再复读了，我越来越感觉到自己不是学习的那块料。"已经连续两次高考失利的小刚再也没有继续复读下去的勇气了。

"不行，不上大学能有什么出息，别说三年，就是五年考不上你也得继续给我考！"面对儿子的未来，爸爸总是固执得一塌糊涂。

"谁说只有上大学才能有出息？很多成功的人不都没有上过大学吗？"儿子托了托厚厚的眼镜片反驳道。

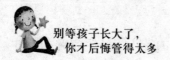

"你懂个屁！我当时要不是家里没钱你爷爷不让我上大学，我也不至于成现在这个样子！"

"时代不同了，爸，再说我考两次了都不行，证明我确实不是那块料。"

"我说你是你就是！从小你学习成绩就不错，还是你不努力，明年继续来，我倒要看看你几年才能考上！"爸爸严厉的表情再一次表明复读没商量。

"你要复读你去，我是再也不想复读了，都快崩溃了！"

"你个浑蛋！不上大学你能干什么？"

"我想去当兵，从小我就有从军的梦想。"儿子大胆地说出了自己的想法。

"好啊你，自己还打着小算盘呢！好儿不当兵，好铁不打钉，你没听过啊！不行，没商量。"爸爸斩钉截铁地说。

"我就是想当兵，怎么就不行了？因为你没上大学就非要我考上大学，这不公平！"

"反了你了！去复读，要不看我怎么抽你！"

"抽我我也不去了！"

父母将自己所有的期望和梦想都寄托在孩子身上，希望孩子能圆自己的梦，已经从根本上剥夺了孩子的自由。希望孩子成才并没有过错，但强行施压得到的结果往往与父母的期望大相径庭。在生活中，我们经常见到孩子被父母逼迫成了"全能选手"，唱歌、跳舞、钢琴、书法等，凡是有利于孩子更好地适应社会的东西样样都要孩子去学，结果孩子光鲜照人的外表下隐藏着一颗支离破碎的内心。试问，孩子真的就喜欢这些吗？可能大多数父母都没有问过自己。父母本着一颗全心全意为孩子好的爱心去帮孩子规划人生的蓝图，孩子真的就能从内心接受吗？孩子在父母的安排下真能过得幸福、快乐吗？答案显然是否定的。孩子也有自己的梦想，不应该由任何人来为他谋划未来。逼迫的爱并不是真正的爱，真正的爱应该是包容、是理解，是给孩子自由。

自由是孩子的天性，在自由的空间里孩子才能发挥出更大的潜力，才能大胆地去探索自己的兴趣和爱好，才能努力成为自己想成为的人。父母应该尊重孩子的天性，了解孩子成长的规律，给孩子充分自由和成长的空间。约束和压迫只会伤害孩子的心灵，导致孩子形成不健全的人格，这并不是父母所期望看到的。

在给孩子自由的同时父母要引导孩子去寻找未来的目标，帮助孩子树立远大的志向，鼓励孩子去实现他自己的梦想。父母要调整好心态，让孩子做他自己，"兴趣是最好的导师"，尽管孩子不一定会成为父母希望他成为的人，但孩子自己选择的路未必就不如父母所选的。所以，父母要认清自己的角色，站在辅导者的角度陪同孩子开心愉悦地走好自己的路，这样，孩子会更容易成才。

"妈，您觉得我将来学医怎么样？"

"挺好的呀，救死扶伤，白衣天使，很圣洁的职业。"

"我也这么觉得，虽然咱们家没有当医生的，但我对这份职业很是向往，所以，想在选专业时选择临床医学。"

"医生的职业很稳定，工作环境也不错，但是你女孩子家的对医院没有恐惧症吧？"

"这倒没有，我就是觉得您和爸都是老师，本来还以为你们将来肯

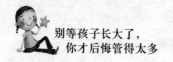
定会让我读师范呢！"

"读师范也不错，但是你的路由你自己来走，爸妈都尊重你的选择，不会强迫你去读师范的。"

"你们真开明。小芳的爸妈说什么都不同意她去学医，非要逼着她学律师，盼着她将来能接他爸的班，说律师挣得多。"

"如果自己对这行不感兴趣，光靠钱去支撑是走不长远的，还是兴趣为主，妈妈不会强迫你的。"

"你真是世界上最睿智、最善解人意的妈妈，妈妈我爱你！"

孩子对幸福的定义很简单，只要能自由快乐地成长，情感和选择能得到父母的支持和尊重就是最大的幸福。所以父母不要只用事业是否成功和赚钱多少来衡量孩子的选择是对是错，甚至逼迫孩子遵从自己的意愿去实现自己的梦想。当孩子得不到尊重，情感不断受到压抑时，或许他们会选择反抗来释放自己的不满，也可能会选择妥协去过自己并不幸福的生活，这都不是父母应该给予的爱。

父母更像是一张弓，而孩子犹如弓上之箭，父母应该做的不是决定箭要射往哪个方向，而是要尽全力去将弓拉满，给箭充足的动力去射向目标。所以，父母与其将自己的梦想强加给孩子，不如与孩子一同去实现梦想，化期望为鼓励和赞赏，给孩子前进的动力，让孩子在圆梦的道路上快乐起航。

父母规矩多，孩子难成长

俗话说"没有规矩不成方圆"，父母在教育和培养孩子的过程中，为了让孩子能健康、快乐地成长，能更好地与父母和朋友相处，将来也能更好地去适应社会，为孩子制定一些规矩是必不可少的。没有任何"家规"制约的孩子往往不分轻重，容易做出一些让父母担惊受怕、提心吊胆的过激行为；而被过多"家规"约束的孩子，则往往犹如惊弓之鸟，畏首畏尾、懦弱无能。

制定规矩也是一门学问，人们想在一个文明、平等的环境中最大限度地获取自由，就需要规矩来保障。正如我们生活在其中的社会，若没有各项法律和法规的制约，那整个世界都会乱套。所以，明智的父母在给孩子制定规矩的时候总是以"贵精不贵多"为原则，即能合理地避免孩子出现有害于自身和他人的过当行为，又能让孩子最大限度地享受自由，这才是规矩设定的合理范围。

"作业写完了吗？不是跟你说过作业写不完不准吃饭的吗？"妈妈从小就对小乾保持着这种严厉的态度。

"我都上初中了，妈，能不能别再像小孩一样管我了，小时候管管也就算了！"小乾表现得很不耐烦，非常抵触妈妈制定的这项规矩。

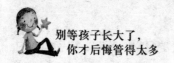
"你以前都好好的，也没见你有意见啊，现在怎么着，翅膀硬了？"妈妈觉得自己的权威受到了挑战。

"我要是骗你说写完了，你知道吗？我现在大了，自己能处理好自己的事情！我现在饿了，吃完饭会继续写的！"小乾端起碗筷就要吃饭。

"啪"的一声，妈妈拿筷子敲到了小乾的手上。

"跟你说过多少次，吃饭前要洗手，又忘了？"妈妈显得很生气。

"哎呀，妈你烦不烦！我饿了！"

"洗手去！"妈妈呵斥道。

小乾很不情愿地起身走进洗手间，快速洗完手出来坐下。

"怎么不关灯啊！去看看墙上的'约法三章'，怎么这么不长记性！"妈妈显得更加气愤。

"您那哪是三章，三十章都不止！我天天想着您那些规矩，干脆什么都别干了！"

"反了你了！屡屡违反规矩，按惩罚规定，今晚不许吃饭！"妈妈呵斥道。

"不吃就不吃，饿死我算了！"小乾委屈地起身离开了餐桌。

为了纠正孩子的某些生活习惯和做事态度，父母为孩子制定一些规矩是必要的，但过多的规矩会压得孩子喘不过气来，会让孩子认为不管干什么在父母眼里都能挑出毛病，每天活在父母的监视下，对孩子的成长是很不利的。俗语讲"成人不自在，自在不成人"，规矩应该是让孩子知道做事的底线，并且这个底线是可以被自己所把握的，这样才能让孩子在不触及底线的同时享受完全的自由。而父母将鸡毛蒜皮的小事都制定成规矩，会极大地限制孩子的人身自由，让孩子觉得像是在"坐牢"；父母定出这也不行、那也不对的条条框框和惩罚措施，时间久了孩子一准受不了。所以父母在为孩子制定规矩时不妨参考以下几点。

1．规矩应该是在亲子双方共同商议后达成的共识。

法律的制定都讲求民主性原则，所以父母在为孩子制定规矩时要充分考虑到孩子的感受，与孩子进行深入的沟通，阐明制定这项规矩是为了避免哪些情况的发生。只有经过充分商议后达成的"协议"，孩子才能打心底里接受，才能理解父母的心思，从而主动去遵守。

2．规矩不应该是事无巨细的，只要能掌控孩子成长的大方向就可以。

对任何事情都制定出一套详细的规矩，孩子应该干什么，不应该干什么全都要管到，会严重干涉孩子的自由，会引起孩子的抵触心理。所以，父母只要能掌控孩子大的人生方向不出偏差，细节的东西可以由孩子自己去把握，这样孩子才能真正体会到家庭的自由和民主。

3．规矩在精而不在多。

父母在这方面应该遵守"约法三章就是三章"这一规则，不能想起一出是一出，因为规矩越少越能起到启发的作用，而反复追加的举动会引起孩子的反感和抵抗。如夏天禁止去河里游泳，初中时期不准谈恋爱，过马路要严格遵守交通规则等，要让这些规矩起到明令禁止的效果，关键就在于"精"而不在于"多"。

"丽丽，今天怎么回来这么晚？"守着一桌子已经凉了的饭菜，妈妈一直在等着丽丽回来。

"哦，忘跟您说了，今天倩倩过生日，我们晚上去唱歌了。"

"那也应该跟妈妈说一声啊，你说万一要是有个三长两短的可怎么

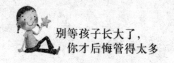
办！"妈妈很严肃地说。

"对不起妈妈，我知道错了。"

"你也这么大了，我也想了想，为了你的安全考虑，妈妈必须给你定几条规矩，不多，就三条，你也说说你的看法。"

"好，你说吧妈妈。"

"第一，不许夜不归宿；第二，晚上十点之前必须回家，有特殊事情要告诉妈妈；第三，要诚实，不许对妈妈撒谎。"

"您的要求我可以做到，我知道您是为了我好，既然我同意了就一定遵守。"丽丽很坦然地接受了妈妈的"约法三章"。

"妈妈也想不出一旦违反怎么去惩罚你，你自觉遵守吧，如果真的违反，那我就惩罚我自己反省两天！"

"妈妈您放心，我一定说到做到，不让您操心！"一向乖巧懂事的丽丽拉着妈妈的手，感受到了妈妈手心里的温暖。

"饿了吧，我去给你热饭。"

为了孩子切身利益而制定的规矩孩子是可以理解的，他们一旦认定这是自己的底线就不会轻易越界，他们也知道有些损失是无法挽回的。所以，父母为孩子制定规矩一定要讲求"精"，这样才能对孩子起到真正的警示作用，孩子也会铭记在心底。相反，过多的规矩只会束缚孩子的自由，限制孩子的发展，无法起到良好的警示效果。

"欲知平直，则必准绳；欲知方圆，则必规矩。"只有合理的规矩才能伴随孩子健康成长，才能保证孩子不偏离正轨；而过多的制约犹如孩子前进道路上的路障，不但不会推动孩子前进，反而会阻碍孩子成长。所以，给孩子定规矩，贵精不贵多。

管教孩子不是对他 "棍棒相加"

古训有 "棍棒出孝子" "儿不打不成才" 之说，这种观念能长久流传下来，也有着一定的道理。在旧时代，国民素质整体不高，孩子犯了过错，父母往往都是靠体罚、打骂等方式来教训孩子，以期让他们记住犯错的代价，督促和鼓励孩子不断上进。不可否认，"棍棒教育" 确实成就了一些人才，但进入新时代，尤其是90后和00后的孩子，从小就过着舒适安逸的生活，他们已经无法接受 "棍棒出孝子" 这种粗暴的教育方式，甚至都容不得父母摆脸色。

尽管 "棍棒教育" 可以暂时让很多孩子 "听话"，但那只是表面现象，这种教育方式会对成长中的孩子的心理造成难以愈合的伤害，甚至会出现越打越反抗的结果，现今因打骂教育而造成孩子形成反社会人格的案例不在少数。所以，"棍棒出孝子" 已经不合时宜了，父母应该尝试采用新的教育方法，摒弃这种过时的教育方式。

"儿子，过来我问你点事。" 在客厅看报纸的爸爸严肃的表情预示着一场暴风雨即将到来。

"爸，怎么了？" 儿子平时就害怕严厉的父亲，战战兢兢地走到父亲身旁，低着头问道。

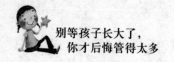
"今天放学干吗去了？"爸爸面无表情地问道。

"哦，在学校操场跑步了。"

爸爸一脚将儿子踹倒在了地上："撒谎是吧？你们老师都打电话告诉我了，你都两天没去上课了！"说着爸爸拉起倒在地上的儿子又是一脚。

"我错了，我错了……"儿子趴在地上大哭着祈求爸爸不要再打自己。

"这两天去哪了？"爸爸严厉地训斥道。

"去，去网吧了。"儿子不敢再撒谎。

"你这个不争气的东西，打死你也不亏！敢逃课去网吧，我看你是不想活了！"说着爸爸又是一巴掌，"你去网吧哪来的钱？！"

"小君请我的……"儿子游离的眼神说明他再一次撒谎了。

"客厅抽屉里的五十块钱是不是你拿的？"爸爸显然已经知道了答案。

看着儿子那不争气的样子，爸爸又是一顿毒打："还学会偷钱了你！打死你！"

刚进门的妈妈看到这一幕赶紧跑过去拦住了爸爸，儿子浑身是伤地躺在地上哭喊着。

处于青春期的孩子好奇心极强，又好动，有时不可避免地会犯一些错误，尤其在新时代各种文化交互碰撞，新兴的娱乐行业层出不穷，对缺乏自制力的孩子来说无疑是种极大的诱惑。孩子无意中踏入父母认为的"禁区"时，父母会表露出触电般的敏感，为了明令禁止孩子再一次犯错，有些父母认为只有打骂一顿才能让孩子长记性，避免下一次再犯。殊不知，父母这种过于严厉的教育方式并没有说服孩子的内心，孩子体表的疼痛下隐藏的是一颗极度愤怒和仇恨的心，犹如一座能量极大的活火山，喷发出来只是时间问题。如果孩子长期生活在这种暴力的环境下，终有一日也会变成可怕的 "魔鬼"。

不论犯什么过错，孩子毕竟是孩子，他们的心智成熟度还远不及成年人，看待问题的角度和明辨是非的能力都属于 "雏鹰展翅" 的级别，我们每个人也都是从那个阶段走过来的。父母应该充分地理解孩子，尊重孩子的不成熟，允许孩子犯错，以宽容的心态对待孩子。父母要明确一点，孩子也是一个独立的个体，而不是自己的附庸，切不可想怎么打骂都由着自己的性子来。

父母应该用情感教育和爱的教育来代替 "棍棒教育"，为孩子营造一个和睦、互爱的家庭氛围，多用语言和心灵而不是棍棒来和孩子沟通，学会倾听孩子的想法，站在孩子的角度思考问题。针对孩子容易出现的 "青春期综合征"，要以平和的心态面对和处理问题，多为孩子提供一些精神辅导和思想指导，做孩子的指路人而不是 "赶鸭子上架"。

"妈，快出来帮我拿东西！" 门外的儿子两只手拿满了各种蔬菜：黄瓜、西红柿、茄子等，呼唤着妈妈为自己开门。

"哎哟，儿子，你这是去哪了？怎么拿这么多蔬菜回来？" 妈妈很是疑惑。

"先让我进去再说。" 儿子累得满头大汗，放下蔬菜便端起桌上的水杯大口喝了起来。

"这从哪弄的？黄瓜上还长着花呢，你去哪了？"

"今天和几个同学去郊区玩了，看到有大片的菜园，我们就进去偷

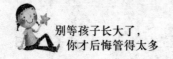
了一些。守园子的老头看到我们了但没我们跑得快，没追上，哈哈！"放下水杯，儿子得意地向妈妈炫耀着。

"儿子你学会偷东西了！让你爸知道肯定饶不了你。"妈妈听说是偷来的显得有些不高兴，"你想吃咱自己去买，又花不了多少钱，谁让你去偷别人的了？"

"哦，其实我也并不是想吃这些东西，只是觉得这挺好玩挺刺激的。"儿子还是嬉皮笑脸地乐着。

"人家种菜多不容易，关键是你偷东西的行为让我很气愤，儿子，咱们说好，不能再有下次，要不我就告诉你爸。你明天骑车去菜园赔人家钱，就当是咱买来的。"

"没事，他又不认识我。"

"你去不去？要是都像你这样，那人家种菜的怎么生活！"

"我知道了，我也就是尝试一次，以后再不这样了。"

孩子有时候犯错时本意并不是要做坏事，所以父母也犯不着不分青红皂白就给孩子一顿毒打。家长应该做的是静下心来倾听孩子的想法，理解孩子的做法，恰当地表述自己的看法，让孩子认识到自己的错误。相信父母这样做，孩子能够更加深刻地认识和反省自己的过错，这种效果要远远超过"棍棒教育"。

其实，"棍棒教育"更像是一种"无能"的教育方式，父母采用暴力方式来纠正孩子的行为俨然是对自己思想教育的不自信，同时也错误地估计了自己暴力教育的成效。在父母的棍棒下，倔强的孩子更容易产生抵抗和逆反心理，性格中也会自然而然地注入暴力和粗鲁的因素，这种病态的心理不但不利于孩子的发展，甚至会对他人和社会造成很坏的影响；而性格温和软弱的孩子，面对棍棒只会让他们更加畏惧和顺从，性格中也会注入畏首畏尾、胆小怕事的因素。新时代的孩子受过良好的教育，内心更是极度厌恶暴力行为，所以父母教育孩子一定要注意方式方法，切记 "棍棒教育" 已经不合时宜了。

"笨孩子" 都是父母 "贴" 出来的

在生活中，很多地方都贴有标签，比如商店里出售的商品上，包括衣服、帽子、书、伞、杯子等各种各样的东西。而人们就通过这些标签，来选择自己需要的东西，也经常会根据这些标签来评判某样商品的价值。

然而，标签一旦贴在人身上，往往会给人留下不好的印象。因为这些一般都是有负面含义的标签。比如父母给孩子贴的 "你怎么这么懒" "你怎么这么笨" "你就是不图上进" 等负面标签经常让孩子感觉很不舒服，自信心和自尊心受到严重的打击。也许父母是爱子心切，想快点让孩子把缺点改掉，但这些有意无意贴在孩子身上的标签却伤害了孩子，也很可能影响他的整个人生。

妈妈想让儿子小永学点才艺，于是给他报了一个钢琴班，不知不觉已经学了一个月。

一天家里来客人了，大家谈得兴起，就让小永弹奏一曲助兴，小永很害羞，连忙推辞说："我还没学会，不会弹。" 后来在大家的鼓动

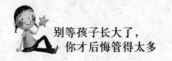
下，拗不过只好弹了一曲。

"小永，你的音乐细胞都冬眠去啦，有点跑调嘛，还有几个音弹错了呢！"有人调侃小永道，客厅里一片哄笑。

生性内向的小永低下了头，比弹奏的时候更紧张了，觉得自己很失败。

"你怎么这么笨哪！学了一个月了，一首曲子都还不会弹！"妈妈也在一旁埋怨小永，"都说笨鸟先飞，就你这样还不多抽点时间练习，别动不动就想着去哪玩，要多花点时间练琴，懂不懂？"

后来，小永弹钢琴的时候，就常常想起这件事，对大家的评价耿耿于怀，弹着弹着就没了兴致，弹错的时候就这样安慰自己：反正我也没什么音乐天赋，弹成这样算可以了。再后来，小永就放弃了弹钢琴。

其实小永并不是一只"笨鸟"，只是他学习钢琴的时间尚短，水平还没达到可以随心所欲演奏的地步。但是妈妈贴上的"笨鸟"的标签，却如烙印一般在小永的心里挥之不去，使得他最终放弃了弹钢琴。这是多么可惜的一件事！

不管是大人还是孩子，对他人给自己的评价都是很敏感的，且常常通过周围人的评价来认识自己。积极的、正面的评价能够增强孩子的自信心，而消极的、负面的评价一方面可能促使孩子反思问题、努力改正，另一方面也可能打击孩子的自信心，使他产生自卑情绪。所以父母在教育孩子的时候，要谨慎发表对孩子的评价，既不要过分夸奖，也不要过分批评，否则就会在一定程度上影响孩子的自我评价和自我发展。

而且，有时候父母无意识的一句话，就有可能深深地印在了孩子的脑海里，无形中成为孩子成长路上的绊脚石。作为父母，这种给孩子乱贴标签的行为是十分不妥的。不论孩子表现如何，父母都不应该随便做出"没出息"等负面判断，也不能任意给孩子贴上"笨蛋""窝囊废"等灰色标签。因为这些标签不但起不到教育的作用，还会伤害孩子的自尊心，使孩子形成错误的自我认识，对孩子的成长十分不利。

有些父母喜欢用成年人的标准去要求孩子，如果孩子达不到要求，或者出了错，父母就会否定孩子的努力，甚至故意贬低孩子，这也是不可取的，比如"你为什么这么笨""你怎么这么胆小""你怎么这样做事"等。经常受到这种贬低和斥责的孩子，往往自信心会受到强烈打击，时间久了，就会在不知不觉中接受家长的"暗示"，承认自己的能力差，慢慢地就失去了信心。因此，父母要学会用长远的眼光看待孩子，宽容地对待孩子的小错误，多鼓励孩子，让他继续努力，不要让他停留在"笨鸟"的乌云下，不敢前行。

积极正面的暗示，能够传达给孩子更多的正能量。对犯了错的孩子，支持和鼓励远比怒火之下贴的标签更有教育意义。也许父母是无意中给孩子贴了标签，但给孩子造成了伤害却是事实。所以父母在孩子犯错的时候，最好以鼓励代替训斥和责备，一句"犯错误是难免的，你做得已经不错了，我相信你下次一定会做得更好"更能够鼓励孩子知错就改，让他不断努力，取得更大的成就。

第二章 聪明父母
让孩子学会认识自己

培养孩子的自我意识

李岩是重点中学的一名初一学生，学习成绩还不错，数学成绩尤其出色。

因为成绩优秀，李岩和班上的其他三名同学被推荐参加全国数学竞赛。班主任对李岩有很大的期望，加上李岩对自己的数学能力也很有自信，所以获奖在李岩看来，是一件非常轻松的事。为此李岩也花费了大量的时间研习历届的竞赛试题。

可是比赛结果很出人意料，除了李岩，其他三名同学都获得了奖项。班主任批评了李岩，加上李岩心里也很难过，这件事给他造成的影响很大。从那次数学竞赛以后，李岩虽然整体成绩还好，但是数学成绩一直比较糟糕。

直到高三那年，在老师的帮助下，李岩才走出阴影，最终以优异的成绩，被美国一所名校录取。

生活中类似于李岩这样的例子很多，都是因为没有良好的自我意识导致的。心理学家认为，自我意识是对自己身心活动的觉察，即自己对自己的认识，具体包括认识自己的生理状况（如身高、体重、体态等）、心理特征

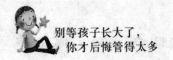
（如兴趣、能力、气质、性格等）以及自己与他人的关系（如自己与周围人们相处的关系，自己在集体中的位置与作用等）。而李岩就是没有正确认识到自己的能力，导致了数学竞赛的失利。另外，尽管有一次失败，李岩还是可以努力争取下一次的成功的。但因为李岩当时年纪还小，心智不够成熟，忽视了其他的方面，而是沉浸在失败的阴影中不可自拔。如果他能正确认识自己，相信他再参加一次比赛，获奖的机会还是会很大的。

孩子对自己的评价过低，就会自卑，导致孩子不喜欢把自己的想法与别人分享，排斥与人交往。孩子对自己的个人评价过高，就会自负，认为自己是最厉害的，喜欢表现自己。当某件事情没有达到自己预期的结果时，他就会很失望，备受打击，这就是所谓的挫折感。

随着社会的发展，如何把孩子培养成一个高素质的人才成为一个值得研究的课题。高素质人才首先要具备完善的人格，懂得分析自己，从而采取正确的行动，促进自身的发展。为了让孩子具备完善的人格，家长应该从小培养孩子正确的自我意识。

各种实践活动可以强化孩子的自我意识，让孩子对自己有一个正确的评价。家长可以对孩子进行正确引导，使孩子逐步学会独立完成自我评价。针对孩子自我意识的培养，以下有几点建议可以供家长参考。

1. 家长可以给孩子适当的肯定。

当孩子在考试中取得了不错的成绩或者在其他方面取得进步的时候，家长适时地给予鼓励，孩子就会觉得自己的努力得到了肯定，下一次就会更加努力。在孩子帮助了别人，完成了某件比较有难度的事情等情况下，家长的肯定对于孩子来说是莫大的鼓励。这样会增强孩子的自我意识，使他感觉自己是有价值的，可以给周围的人提供快乐和帮助，从而心理得到极大的满足。

在一次次的自我肯定和被他人肯定中，孩子的自我意识就会逐渐培养起来，乐于和别人分享自己的想法，不会盲目地自我否定。孩子感觉到父母的爱和肯定，就会觉得自我价值得到提升，逐步树立正确的价值观。

另外，有些孩子的自我意识很强，他们敢于和别人说出自己的想法，一直觉得自己能力很强，在小伙伴中是耀眼的"领袖"，过高地估计自己。这样的孩子一旦遭遇挫折，便会倍受打击，有些人甚至会迁怒到别人身上，认为不是自己不够优秀，而是评判的标准不够公平。有些人则打击过度，从此一蹶不振。

自信心膨胀的孩子一般是在夸奖中成长起来的，他们可能真的表现不错，但是夸奖也应该合理。鼓励对于孩子的成长是必要的。家长应该在看到孩子的闪光点之后，再给予鼓励，没有发现闪光点，就随意鼓励夸奖，不仅起不到完善孩子性格的作用，还会使孩子的自信心急速膨胀，思考问题时养成"唯我独尊"的思维。父母和老师应该为孩子形成良好的自我评价提供有效的外部支持。

2. 家长应该根据孩子的兴趣去培养孩子。

如果孩子对音乐感兴趣，可以让他学习弹钢琴，或者学习弹吉他；孩子个子不够高，可以去踢足球，不一定非得去玩篮球。在有兴趣的方面，孩子可以发挥自己的特长，找到更多的自信。如果家长忽视孩子的优点和缺点，盲目地按照自己的想法去安排孩子的生活和学习，不实际考虑到孩子自己的兴趣和能力，结果则会相反。当孩子被强制做自己不擅长和不喜欢的事情时，孩子兴趣度较低，失败的概率会较大，事情最终没有达到预期效果时，会伤害到孩子的自信心，次数累积多了，孩子会感到深深的挫折感，自我意

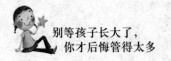
识逐渐薄弱，不利于孩子的发展。

每一个孩子都有擅长和不擅长的地方，家长应该认真思考，什么是适合孩子的，什么是不适合的，不要把自己的希望强加在孩子的身上。这样不仅对孩子不好，可能还会伤害父母和孩子之间的感情。

3．家长可以教给孩子了解自我的方法。

比如家长可以以自己为模板，提供一些评价自己、了解自己的方法给孩子参考，帮助他们培养良好的自我意识。古人的"吾日三省吾身"就可以推荐给孩子参考。每天花费一点时间来思考自己今天做对了什么，收获了什么，又做错了什么，反思自己可以让孩子更清楚地了解自我，增强对自我的认识，从而拥有健全的人格。

自我剖析，让孩子学会反省自己

"认识你自己！"相传这是铭刻在古希腊阿波罗神殿上的著名箴言。这句箴言，启示人们，每个人都是独一无二的个体，都应该认识自己独特的价值和禀赋，唯有这样才能实现自我，取得成功。这句话对于青春期的孩子来说尤为重要。因为很多青少年缺少的就是对自己的正确认识。他们中的许多人敢想敢说、敢做敢当，甚至以为世界都在自己脚下，也有的自卑怯懦、胆小迷茫，觉得自己一无是处，因此，及时地引导他们认识自我，便成了父母的一项重任。

放学回到家，小强闷闷不乐地坐在沙发上发呆。手里拿着两张试卷，一张数学的不及格，一张语文的得分挺高。

"儿子，你怎么了？"妈妈担心地问。

"妈，我数学又考了倒数第二名。"小强失落地回答，跟丢了魂似的。

"哦，是这样子。唉，没关系，妈知道你实在是对数学一窍不通，妈早就认了。"妈妈满不在乎地回答。

"唉，我怎么这么笨呢，一遇到数学脑袋就不开窍了。"小强说。

"可能是遗传我吧，我当年数学就不好。"妈妈想了想接着说，"不过没关系，到时候读文科就可以了，文科数学简单一些。"

"就我这水平，怕是读文科数学也不怎么样。"小强没自信地说。

"那妈妈送你去补习班呗，多花点时间，可以赶上的。"妈妈说。

"也只有如此了。"小强话虽这么说，其实心里也越来越没底了，因为数学学不好，他渐渐对自己没有了自信。

数学是小强的弱项，他为此耿耿于怀，一点一点没了自信。虽然妈妈对小强的担忧给出了对策，但可惜的是，妈妈的鼓励和教育并没有落到点上。妈妈只是看到了小强数学成绩差，而忽略了他语文成绩其实是很棒的，如果妈妈能够正确地引导小强全面认识自己，取长补短，相信小强是不会丢失那份自信的。

青春期的孩子心智还不够成熟，对自我和外界往往还无法形成独立的认识，容易将父母和老师灌输的观点看作唯一正确的"真理"。因而，父母对

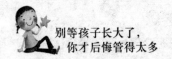
孩子的评价具有很强的暗示和诱导作用。这就要求父母首先要正确地认识孩子，如此，孩子才能在认识自己的道路上找准方向。父母不能看到孩子学习成绩不好，就断言孩子"没有出息"，孩子可能解不出很多的数学难题，却是写诗歌、小说的能手；孩子或许英语成绩差点，却能言善辩，有着很好的人缘；孩子也许画画不好，却有一副动人的歌喉……人无完人，每个人都有短处，在全面地认识孩子的同时引导孩子扬长避短，这是父母应该做的。只有这样，孩子才能在父母的影响下，不会因为一点出众的才华而得意忘形、目空一切，也不会因为一点缺点和失误就萎靡不振，而是在认识自我的正确道路上阔步向前，最终实现自我。

哲学家尼采说过："聪明的人只要能认识自己，便什么也不会失去。"一个能够正确认识自己的人，才可以全面、客观、准确地评价自我，给自己一个准确的定位，这样才能够更加游刃有余地处理自己在生活中遇到的各种问题。同时，一个人能够很好地认识到自己的心理和行为，便能够根据自身和社会的需要自觉地控制和完善自己，这对于心灵的健康也是十分有益的。所以说，引导孩子认识自我，是十分必要的。

鲁迅先生就曾说过："我虽时时在鞭挞他人，但更多是在无情地剖析我自己。"英国著名诗人济慈，早年本来是学医的，后来父母发现了他写诗的才能，就当机立断，培养他的文学天赋，虽然他不幸只活了二十几岁，却为人类留下了很多不朽的诗篇。法国作家卢梭，写下了著名的"灵魂自白书"——《忏悔录》，他在书中真实地记录了他的一生，包括他曾做过小偷、抛弃挚友、嫁祸他人的种种丑行。正是如此触目惊心的自我剖析，让卢梭得以真正认识自己、超越自己，成为一代文学巨匠。

有这样一个孩子，他的父亲是黑人，母亲是白人。他出生在非洲，在学校里，他常常因为皮肤黝黑、满头卷发，被小伙伴们喊作"黑鬼"。他跑回家向母亲要钱买香皂，想洗掉皮肤上的黑色，但母亲告诉他做黑人一点也不需要自卑。

后来，他被送到美国夏威夷一所白人小孩占多数的学校读书。这里的同学们流露出的对黑人的嫌恶之感，更让他对自己的肤色产生了严重怀疑。为了让自己自信一些，他向同学们吹嘘说父亲是非洲王室后裔。就在这种自信又自卑的痛苦迷茫状态中，他做了很多荒唐的事情，比如逃学、吸毒、泡妞等，成了一个不折不扣的"坏小子"。

因为家境贫穷，肤色被人嘲笑，他和任何一个绝望的黑人青年一样，不知道生命的意义何在。这时，母亲为了考取博士学位，到印尼开展人类学研究工作。他很奇怪母亲的行为，母亲却告诉他：世界上人人平等，人不能因为肤色就看低自己，只要做一个有追求并且有益于他人的人，就值得尊敬。

这个孩子一下子就"顿悟"了，他认同了自己的黑人身份，努力学习，成功考取了哥伦比亚大学，同时他也效仿母亲去做义工。大学毕业后，他只在华尔街做了两年的高薪工作，就义无反顾地来到芝加哥投入黑人社区服务工作中。

后来，他考上了哈佛大学法学院攻读法学博士学位。毕业之后，他像母亲一样，开始为让更多的人幸福而忘我工作。后来，凭借自己出众的才华，他成功当选参议员，并最终当选美国第一任黑人总统。

这个孩子就是奥巴马。

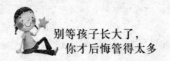
从一个"黑小子""坏小子"到美国总统，奥巴马的成功离不开母亲的教育。许多孩子都曾和奥巴马一样，有过自卑和叛逆，有过彷徨和迷茫，然而奥巴马很幸运，他的母亲教会了他正确地认识自己，实现自己的价值。这是值得广大父母学习和借鉴的。

常言道："人贵有自知之明。"一个正确认识自己的人，能够了解自己的优点、缺点、爱好、性格、习惯等，能自觉找出与别人的差距，取人之长，补己之短，能够学会自我反思。可以说，自我认知是一盏明灯，能够照亮孩子成功的路。所以，父母要引导孩子看清自己，引导孩子在实现自我的道路上走得更加坚定，更加自信。

给孩子充足的空间发掘自己的兴趣爱好

小远的爸爸热爱运动，一心想把儿子培养成运动员。他给上小学的儿子报了足球培训班，每个周末都陪着儿子去踢球，还兴致勃勃地带着儿子看比赛。精彩的欧冠决赛还在进行着，他回头却发现儿子已经靠在沙发上睡着了。

一天，正在上班的小远爸爸突然接到足球班老师的电话，说小远踢球时不小心扭伤了脚，情况比较严重。他赶到医院后小远妈妈坚决不许儿子再去踢球，他却不同意。他坚持让儿子踢足球，儿子伤势刚痊愈就再度让他参加训练。他想，很多球星不正是这样才练就一身过硬技术并成名的吗？可是，不久后传来了儿子再度受伤的消息，受伤的又是同一部位，这次要痊愈恐怕得花些时候了。

其实，很多家长都会有类似这样的心态或经历：总觉得自己不论是生活阅历还是知识见识都比孩子丰富，于是想为孩子决定一切，好让他们少走弯路。孩子喜欢什么、要做什么，家长也想一手包办，所谓特长的培养也变成了家长布置的"任务"。有时候家长们甚至不自觉地把孩子当作了自己实现理想的"工具"，借孩子来完成自己未实现的梦想，却在过程中忽略了孩子的切身感受。这就导致孩子对所学内容越来越缺乏兴趣，产生抵触情绪，最后这种厌恶转变成对父母的不满，造成亲子间矛盾上升，对孩子的性格养成也产生了负面影响。

作为家长，我们可以在平时多留心观察孩子的兴趣爱好，看看孩子平时都喜欢做什么，有可能的话，尽量给他一些空间和时间去做他想做的事情，让孩子在自己喜欢做的活动中发掘自己的天赋。孩子的特长和天分往往表现在他们感兴趣的活动里。

要找到孩子的兴趣所在，就要帮助孩子挖掘潜能，使兴趣逐渐成为特长。奥地利心理学和精神分析学家弗洛伊德说过："人人身上都蕴藏着无限大的潜能，有意识用在工作、学习上的能量不到总能量的59%。有41%的能量没有被发挥出来，它被深深埋藏在我们体内。"要帮助孩子发掘自己的特长，这里有几点建议供家长参考。

1. 肯定孩子的兴趣所在。

当观察到孩子的兴趣之后，家长应该对孩子进行适当的鼓励和肯定，使

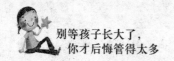

他认识到自己所做的是"对"的，并使他有兴趣继续深入发掘下去，孩子在这个过程中会不断激发其潜能，更加明确其特长所在。俗话说"兴趣是最好的老师"，没有兴趣就没有学习的热情。观察孩子的兴趣所在，对判断孩子的性格也有一定作用，比如看他是好静还是好动，是动手能力强还是善于思考，等等。这对判断孩子以后的发展方向也有一定的参考作用。

2．鼓励、引导、帮助孩子发展特长。

家长可以用成年人的眼光理智地帮孩子确定特长方向，进一步激发孩子的潜能。有条件的话也可以根据孩子的兴趣做一些有针对性的培养和训练。比如，发现孩子很有绘画的天赋，可以帮孩子报绘画辅导班，发现孩子乐感不错就尝试让他学习一样喜欢的乐器，等等。这样，家长可以在教育活动中进一步开发孩子的潜能，培养孩子的特长，也可以发现孩子的不足，从而帮助孩子全面发展，让孩子把兴趣真正变成特长。

3．不要忽视孩子内心的想法。

任何时候父母与孩子沟通的重要性都不容忽视，孩子的每一个举动都有他的原因和理由，作为家长仅凭自己的主观臆断和事情表象就判定孩子是对是错有时难免会冤枉孩子，所以和孩子的沟通是非常重要的。和孩子沟通的前提是和孩子平等相处，并且乐于倾听孩子内心的想法，这样更有助于父母与孩子的交流，从而及时帮助孩子解决问题，或许在问题中家长还会有意外的发现。

小智一直被认为是个淘气的孩子，因为和同学打架斗嘴写的检讨不计其数。有一次小智的班主任给他妈妈打电话说小智组织了班里所有男生和邻班的一位男同学打架，幸亏学校及时发现并制止，否则后果不堪设想。小智妈妈听说后当即扇了小智一个耳光，气得浑身发颤地质问他："这么小年纪就学社会上的流氓地痞打架斗殴，以后还得了！这么下去，叫妈妈怎么放心？"

小智看着妈妈流泪，心里很是难过，可是，他也觉得挺委屈的。

爸爸回来后，并没有急于责罚小智，而是温声询问他到底怎么回事，这时小智才说明原因。原来那个男生欺负他们班同学，自己打抱不平才决定组织同学"教训"那个男生的。和小智长谈后爸爸发现，小智因为以前妈妈和老师经常批评他淘气爱闹事，所以心情沮丧，甚至有些自卑，他觉得自己一无是处。

于是，爸爸对小智说："儿子，爸爸觉得你还是有很多优点的。你看，你很有正义感，而且组织能力很强呢，说明你在班里人缘很好嘛，你的成绩也不错，这都是你的优势。人有些小缺点是很正常的，我觉得你完全可以改掉，你说呢？"

小智沉默着，随后重重点了点头。现在的小智，成绩名列前茅，还被同学们选为班长，他立志长大后要做人民警察。

事例中小智爸爸是位明智而且出色的家长。他没有从孩子的表面行为来评判孩子，而是深入了解孩子内心后发现他更多的优点，并以此为切入点，鼓励孩子往好的方向发展。他的做法帮孩子改掉了原有的一些缺点，而且发掘出更多的优点，为以后的人生道路打下良好基础。

帮助孩子找到自己的特长，并不断帮助孩子挖掘潜能，使特长成为技能，最终帮助孩子成长，是我们教育的最终目的。在这个过程中，家长是引导者、帮助者、参与者，但不是控制者。家长要让孩子在自我认识中发现自

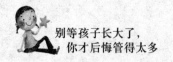
我特长，用特长完善自我，并最终成就真正的自我。

读懂孩子，教孩子学会中肯地进行自我评价

"奶奶我来帮您拿吧。"刚放学的美美看着邻居奶奶买菜回家，小跑着追上前去帮奶奶拿手里的塑料袋。

"美美真是乐于助人的好孩子，来，这些糖拿着。"听着奶奶的夸奖，美美心里甜滋滋的，如同嘴里的糖一样。

"爸爸我来给你拿鞋。"刚下班的爸爸还未进门就受到如此"礼遇"，还真是有点不习惯呢，看着八岁的女儿忙前忙后，又是拿鞋又是端水的，爸爸赶紧说："快把杯子放下，水烫，小心伤着你！"正说着，美美手里一晃一晃的热水溅了出来，吓得爸爸赶紧接过杯子，让她出去玩。美美看着爸爸紧张的样子，无趣地放下杯子，又跑到厨房帮妈妈做饭了。

"妈妈，我来择菜吧。"看着橱柜里的青菜，美美又来了兴趣。

妈妈见状，也想让孩子干点力所能及的家务，所以很高兴地准备教她，可美美小手一挥，胸有成竹地跟妈妈说："没事，你忙你的吧，我都这么大了，还不会择菜吗？"

妈妈拗不过她，只好让她自己做。不一会儿淘米回来的妈妈看着一片狼藉的厨房水池，真的哭笑不得呢。

原来美美把白菜撕得只剩叶子留在案板上，蒜薹的一大半都已经躺在了垃圾桶里，地上到处都是菜叶和水，美美正拿着刀准备切还没去皮的土豆……

妈妈赶紧夺下她手里的刀，略显生气地说："美美，你这不是添乱吗？快出去。你还小，不可以拿菜刀，万一伤了自己怎么办？"

美美觉得委屈极了，自己本来想帮妈妈干家务的，怎么还反遭妈妈一顿呵斥。

人之初，性本善。孩子的天性总是美好的，加上学前教育和家长灌输的"乐于助人"的思想的作用，他们也想能尽可能地多做点事情，显示自己的能力和重要性，尤其听到大人的夸奖甚至得到物质奖励后，更是想急于表现自己。不管是出于助人之心还是为了突出存在感，年龄限制了他们的"雄心"，所以就经常会出现越帮越忙的现象。面对如此现状，家长们也很犯难。不让孩子动手，怕让孩子变成"衣来伸手饭来张口"的宠儿，让他们自己动手，又怕他们出问题甚至遇到危险，面对"不自量力"的孩子又不敢大声批评，怕打击孩子的积极性，甚至蒙上自卑的心理阴影。真是左右为难啊。

其实，要改变这样的情况就要帮助孩子正确认识自己，了解自己当前所处的阶段，明白自己的能力和不足，这样他们也就不会太过执着于一些超出自己能力范围的事了。如何帮助孩子正确评估自己当前的能力，认识自己的不足，这里有几点建议供家长们参考。

1. 家长对孩子的评价要中肯。

孩子对自己的判断最初往往来自父母，他们一般会把父母对自己的期望

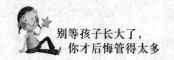
与自己内心的评判做对比，以求一种内部统一感。出于信任和依赖，父母是孩子心中的权威，父母的评价孩子往往不会怀疑，甚至认为自己的能力比这个评价还要更高一点。父母越是夸奖孩子，孩子也就越有自信，觉得自己能做成任何事，而现实中即使发现自己力有不逮也偏要试着做。一旦受挫孩子的自信心会锐减。所以，家长在夸奖鼓励孩子时一定要把握好尺度，避免经常用诸如"你太厉害了，简直像奥特曼一样无所不能"等有些过分夸大的话来鼓励孩子，可以用一些比如"你做得很好，如果你更细心一点（认真一点或者你下次这样……）肯定会做得更好"这种既夸奖了孩子又为孩子提供指导意见的话来帮助孩子进步，从而激发孩子更多的想法和潜能，取得更大的进步和成功。

2. 夸奖也要避免过度消极。

刚才提到过多"正能量"会使孩子自信心过度膨胀，同样道理，一味挑孩子毛病或者以漠然消极的态度来对待孩子，也是不利于孩子正确判断自己能力的。长期处于消极冷漠或者打击讽刺环境下的孩子，易对自己失去信心，觉得自己一无是处，甚至产生自卑心理，严重影响孩子的健康成长。孩子的情绪是多变且敏感脆弱的，如果大人不注意方式，很容易几句话就浇灭了孩子心中热情的火种，而出于渴望成功又害怕失败的本性，孩子恐怕很难再对一件事提起兴趣了。

家长在指出孩子的不足时一定要注意场合和时机，用委婉的语气而不是指责的态度批评孩子，让孩子知道自己只是方式上出了问题，并不是能力上有问题。对于年龄小力量弱这样的问题，家长不妨告诉孩子"等你长大了肯定可以做得很好"，给孩子一个肯定，让他对自己不要丧失信心。再适当给他"分派"一个力所能及的"任务"，比如帮妈妈倒杯水或者把自己的碗拿到厨房去等，来安慰他急于表现自己能力的小小"私心"。

3. 家长先读懂孩子，再教孩子正确审视自己。

以己昭昭，使其昭昭。要想让孩子正确认识自己当前的能力，家长对孩子就要有正确的评估。家长要熟悉孩子的思维习惯，比如以他的个性他一般会如何处理一些事情，从中分析孩子的处事风格，找到孩子行事的不足之处，从而对症下药，更好地帮助孩子认识自己的不足并且尽快改掉缺点。

找到孩子的不足，家长也要正确对待这些现象。毕竟有年龄的限制，孩子的各种缺点也是可以理解的，家长要理性对待孩子暴露出的问题，不要只看到孩子的不足。比如有些孩子天生好动，比较调皮，经常会因为上课小动作多或者爱搞小恶作剧被老师批评，但这是否也从侧面反映出孩子思维活跃、个性开朗呢？找到问题是为了解决问题，而不是为了批评指责，所以家长更应该发掘孩子不足中的闪光点，把缺点变成优点，帮助孩子更好地发展。

既然孩子想动手做就说明孩子有学习和动手实践的热情，那家长不如借此机会多多提升孩子的能力。如果孩子目前还办不到，不如教他做些辅助工作或给孩子讲解原理知识，既避免了孩子产生消极心理，又丰富了孩子的知识，一箭双雕，何乐而不为呢？

爸爸下班回来了。美美又蹦蹦跳跳地跑去帮爸爸拿鞋拎包了。刚放下爸爸的公文包，美美觉得爸爸肯定渴了，想去倒水，可上次差点被烫的事情到现在想起来还让她紧张呢。爸爸看出了美美的犹豫，再看看美美失落的样子，笑着询问她说："美美，帮爸爸看看饮水机的水开了没有，好吗？如果开了你就帮爸爸倒杯水喝好不好？"美美顿时喜笑颜开

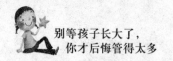
地完成这个"光荣而艰巨"的任务去了。

看着厨房里忙碌的妈妈，美美的心又开始痒痒了。可是妈妈不许自己碰菜刀，而且又沉又大的菜刀自己的小手驾驭不了，明晃晃的刀刃不禁让美美害怕。怎么办呢？

一旁的妈妈看着踟蹰徘徊在厨房门口的美美，自然心知肚明她的那点小心思，于是对美美说："美美，你的芭比娃娃也要吃饭呢，我们上次买的做菜的玩具还在不在啊？拿出你的小锅和小铲子，给你的好朋友们做饭吃好不好啊？"

就这样，美美在餐厅里忙活着她的橡皮泥"大餐"，妈妈在厨房烹制美味的晚饭，一家人其乐融融。

让孩子在他人的评价中学会
"多听、多看、多想"

诚诚今天从学校回来后一直闷闷不乐地一个人待在房间里，摆了一桌子的晚餐也没吊起他的胃口。

妈妈问他怎么了，他也不说话。"是不是学校里和同学闹别扭了啊？"

看着不言语却明显掩饰着的诚诚，妈妈也猜到了几分。

原来，诚诚从上幼儿园就有这样的困扰。他虽然是个男孩子，却天生胆小怕事，不敢独自睡觉，也不敢自己下楼，连在幼儿园里也要老师一直陪着，玩的时候也不敢和小朋友一起，而且动不动就眼泪汪汪的，因此小朋友们都叫诚诚"胆小鬼"，为此诚诚一直很不高兴。而且他始终不承认别人说的是对的，认为同学们都在欺负他。他不许别人说他胆小，否则就又要使"撒手锏"——大哭不止了。为此，诚诚妈妈伤透了脑筋。怎么样才能使孩子认识到自己的缺点并且早点改正呢？

面对诚诚的怯懦和偏执，妈妈不禁训斥他："你都这么大了，还听不得别人半句话，动不动就耍脾气，从来不知道反思改正，以后可怎么办？"

看着生气的妈妈，诚诚噙了半天的眼泪终于化作开闸的洪水。看着上三年级的儿子还这样一副胆小样，妈妈无可奈何地摇摇头……

从儿童期向青春期过渡的孩子正处在自我意识强烈苏醒的时期，关于"我"的概念异常清晰而且重要，所以这一时期的孩子往往对他人的意见比较排斥，尤其是他人对自己负面的评价和意见。孩子会显得格外敏感甚至有时候会有些刚愎自用的意味，对他人的意见充耳不闻，就算明知别人说的缺点自己身上是存在的也会争论几句。这一时期的孩子内心也往往更加敏感，从心理上来说不愿听到别人的议论，也怕别人议论自己的缺点，总觉得自己是对的，这样人际关系上自然会出现一些问题。这时家长要及时疏导孩子内心的矛盾，教导他们正确对待他人的评价，从他人的评价中正确认识自己的优缺点，从而帮助孩子更好地提升自己。下面几点建议供家长们参考。

1. 教孩子以平常心对待他人的评价。

教孩子以平常心对待他人的评价，平时就要注重提高孩子的内在修养，

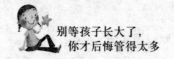
让孩子认识到自我提高才能获得别人的好评而不是负面议论。同时也要告诉孩子应该把主要精力放在自我能力的培养而不是过多关注别人的评价上。比如给孩子推荐一些修身养性的书籍以提高其自身修养，孩子首先要完善其自身，拥有充实的学识基础，眼界开阔之后，自然心胸也会宽广，心态也会平和，这样自然也就不会用狭隘的目光看待外界的评价了。

其实，要做到以平静的心态对待他人的评价，不仅对于孩子，对成年人来说都是一件不容易的事。人的社会性决定了人不能远离社会独自生活，每个人都与外界有千丝万缕的联系，因此外界反馈回来的每条信息都对人有着重要的作用。比如他人的一个眼神、一句回话，都有可能影响一天的心情或者工作。因此，要做到对他人的评价平静对待确实需要修炼出强大的内心。教会孩子平静对待他人的评价，首先要教会孩子友善待人、认真处事，防患于未然，避免出了问题外界议论漫天飞时再考虑如何应对。亡羊补牢的后知后觉总不如未雨绸缪的先见之明。孩子的内心总是稚嫩而且脆弱的，家长要尽可能保护孩子免受来自外界的舆论伤害，不要让他人的评价成为孩子的包袱，给孩子施加太多不必要的压力。

2．教孩子听、看、想，三位一体看待他人的评价。

所谓"听"，即允许别人评价自己，允许别人和自己有不同意见。能承认别人意见的存在，也就能"听得见"别人的评价。只有先"听"了，然后才能"看"。所谓"看"，即愿意审视别人的评价，可以试着以旁观者的眼光来看待别人的评价。就好像这些评价根本不是针对自己而是针对故事中一个和自己同名的孩子，这些评价的内容也仅是故事中的情节，没有主观偏见，没有捎带情绪，理性地看待，或许能让孩子更快更好地接受这些评价，尤其对年龄偏小的孩子来说，这个方法很值得一试。"听"了，"看"了，然后也就会"想"了。故事一样的内容会让天性富有想象力的孩子产生联想，进而意识到自己身上的不足。这样既没有枯燥的说教，也没有恶语相向，在润物细无声中孩子便可以悄悄地认识到一个真实的自己。

3. 教孩子对待荣誉赞美不骄不躁。

批评也许可以使人冷静，而荣誉与赞扬却易使人飘飘然，失去了内心的平静，没有了定力，也就在成功的路上止步了。人的天性都爱听赞美，孩子更是如此。他人的肯定与赞美会使孩子满足、骄傲，这感受当然可以成为孩子的动力，促使其更加努力，可这同时也潜伏着一个危险：孩子也会因为赞扬而变得自满或者自大，更加听不得不一样的声音，一旦之后再被指出错误或者受到批评，将会受到更大的挫折。

在鲜花和掌声面前，家长更要教孩子学会冷静审视自己，学无止境，让孩子意识到自己还有进步的空间，还可以取得更大的成就。这里就要再强调一下眼界开阔的重要性了，让孩子明白人外有人、天外有天，要抱着不满足的求知态度，才能取得更大的进步。

"妈妈，我今天举手回答了两个问题，老师还夸我回答得好，班上同学还为我鼓掌了呢！"

诚诚放学回来还没换鞋就兴奋地嚷嚷开了。看着他现在的进步，妈妈其实比他还高兴。

现在的诚诚已经不再是从前大家眼里那个爱哭爱闹、胆小怕事、动不动就回家使小性子、堵着家人的嘴不让家人说他缺点的小孩子了，班上也没有同学再叫诚诚"胆小鬼"了。

吃饭时间到了，诚诚还坐在电视前津津有味地看着动画片，舍不得

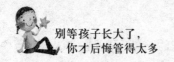
离开。

"诚诚，该吃饭了，一会儿还要写作业呢，快来。你坐那么近，又看了那么久，对眼睛也不好。这可不是好孩子该做的啊！"奶奶看着贪玩的小孙子，试探着说道。其实她还有点担心诚诚还会像以前一样不听话又爱哭。

谁知往常这会儿肯定嘟着小嘴跟妈妈闹的诚诚很爽快地关了电视乖乖地来吃饭，还给奶奶夹菜，吃完还主动听妈妈的话收拾自己的碗筷。

这一个月来坚持给诚诚讲的"睡前故事"看来还真有效啊。妈妈为了帮诚诚改掉以前的毛病特意把诚诚的表现编成了童话故事，每天晚上讲一则，让诚诚自己去思考。

"从前有一个骄傲又胆小的小兔子，从来不许别人说他胆小，否则就大哭不止……"

"妈妈，我不要做胆小的小兔子，今晚我要自己睡。"

看着一脸坚定的诚诚，妈妈微笑着哄他入睡。

"包办"父母容易养出以自我为中心的孩子

刘凯从小是个很聪明的孩子，在他的周围总是围绕着各种各样的夸奖，这让他一直都很扬扬自得，理所当然地觉得自己才是最棒的，周围的人都要听他的。

有一天，刘凯的班级来了位转校生。以前刘凯总是占据班级所有科目的第一名，但自从这名转校生来了之后，第一名的位置全变成了转校生的。

就因为这一点，刘凯十分讨厌这名转校生，经常说他的一些坏话。

孩子以自我为中心的特征还容易表现为占有欲强，自尊心容易受损，常常不愿承认自己的错误，在人际交往中过于霸道，等等。一般孩子都会有以自我为中心的心理，有时候这种心理会慢慢消除，但是持续了一段时间，孩子的这种心理还没有得到改善的话，家长和老师就该引起足够的重视了。

现在很多孩子都和事例中的刘凯一样，从小生活在各种各样的赞美声中，这就让孩子逐渐变得以自我为中心，认为自己才是最好的，不能接受身边的同龄人比自己优秀的事实。家长在发现孩子有这种倾向时应及时纠正孩子以自我为中心的思维方式，让孩子在心理上获得更多的满足，肯定自己的同时也要学会肯定他人，形成良好的心理循环。

下面就如何预防孩子以自我为中心列举几条可行性建议供家长参考。

1. 让孩子多参加集体活动，学会欣赏和赞美别人。

家长应该让孩子多参加集体活动，告诉孩子要善于发现别人优秀的品质。孩子在集体活动中可以学习到很多的东西，比如在与小伙伴做游戏时，可以学会分享和欣赏他人的优点。当小伙伴获胜的时候，要夸奖别人，多学习别人的长处，不要让孩子养成"事事我第一"的意识。这样孩子就不会把注意力老是集中在自己身上，从而预防孩子事事以自我为中心。

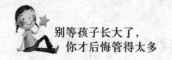
2. 家长勿事事以孩子为中心，要教育孩子勇于认错。

在孩子的人格形成的过程中，家长无疑是最为重要的影响因素。现在大多数的家庭都是独生子女，所以很多父母对于孩子的要求都竭尽所能地满足，并且为数不少的家长认为，孩子还小，满足他的一些小小的要求对他没什么不好的影响，将来等他长大了，自然就明白道理了。这样的想法是错误的，一味地满足孩子的要求，这样孩子就会从心理上觉得自己是生活的中心，当他养成这样的思考方式的时候，一旦他的要求得不到满足，他就会表现出不满、焦躁，甚至有的孩子会使用暴力手段去解决问题。所以，家长对孩子的要求要合理地满足，不能事事以孩子为中心。

另外，以自我为中心的孩子自尊心容易受损，具体表现在"面子问题"上。他们不好意思当着众人的面承认自己的错误，即使知道是自己不对，也不肯轻易道歉。对于这样的问题，家长应该告诉孩子"勇于承认错误的孩子是好孩子"，让孩子认为这样的行为是勇敢的、受欢迎的行为。当孩子有了这样的意识之后，他们在生活和学习中就会自觉地约束自己。

3. 家长应该让孩子学会分享，避免占有欲太强。

孩子以自我为中心的一个典型特征是占有欲很强，只要是自己想要的东西，就想据为己有，如果有人想要拿走，就会表现出强烈的不满情绪。当家长看到自己的孩子有这样的表现时，应当及时采取措施。

还有一点，孩子之所以会形成以自我为中心的人格，是因为他不知道自己的行为会给别人带来什么影响，家长和老师可以引导孩子站在别人的角度上思考问题，学会换位思考。这也是一种可行的方法。

丁丁是家里的独生子，今年四岁。一天，三岁的诺诺来找丁丁玩。

　　刚开始，两个人玩得很好，突然，妈妈听到了诺诺的哭声，便放下手中的事情，过去询问发生了什么事情。

　　原来是两人玩小火车时，丁丁喜欢诺诺手中的小火车，非要和诺诺换，诺诺不想换，丁丁就动手打了诺诺，一把抢过了小火车。

　　妈妈采取措施逐步纠正了丁丁占有欲太强的做法，在玩游戏时，让丁丁体会到分享的乐趣，并且对丁丁犯的错误给予惩罚。丁丁逐渐变得乐于和小伙伴们分享自己的玩具和零食，也不再动手打人。

　　孩子表现出的霸道，本质上是喜欢，因为喜欢，所以不想和他人分享，得不到就使用"武力"。家长只要及时予以纠正，孩子就会逐步改掉以自我为中心的习惯。

第三章 父母会"管教",
孩子更易学会自我激励

父母的鼓励能培养出信念坚定的孩子

小瑞是个上二年级的小学生，最近喜欢上了画画，妈妈见他兴趣浓厚，便给他报了一个课外辅导班来让他学画画。

刚开始时小瑞学得还算认真，老师布置的作业也能按时完成。可只过了两周，小瑞就对妈妈说不想学画画了，不去上课了，因为学画画太枯燥，跟自己当初想象的不一样。妈妈见孩子没了兴趣，觉得让他学下去也没有多大意义，就让他从辅导班退了出来。

渐渐地，小瑞的父母发现他做事总是三分钟热度，什么事情都不能坚持到底：喜欢养鱼就吵着妈妈买了两条，养了两天就叫苦嫌累，喂鱼的差事就推给了妈妈；参加了学校的合唱队，排练了两天后又嫌耽误自己看动画片，就从队里退了出来……时间长了，大家都不喜欢这个总是半途而废的孩子了，爸爸妈妈对此也很无奈。

小瑞做事之所以总是三分钟热度，就是因为他缺乏坚定的信念，没有"做一件事就要坚持到底"的决心。而造成他缺乏信念的原因主要有两个方面：首先，孩子年龄小，坚定的信念不易自发形成，遇到困难或麻烦自然会产生放弃的念头；其次，小瑞的妈妈在他学画画想要放弃的时候轻易同意了他的要求，纵容了小瑞，让小瑞觉得"不想做了就可以放弃不做"，没有树

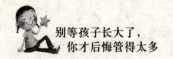
立起信念。长此以往，孩子做事就不能坚持到底，稍有困难就会产生放弃的念头，同时也会缺乏自信，这对孩子的成长和未来是十分不利的。

信念是人们行动的基础，有了信念才会有意志和信心，遇到挫折时才能有勇气和毅力坚持下去。诗人席勒曾经说过："人一旦失去了信念，就会像蒲公英一样在落地之前随风飘荡而无法自己选择。"信念是航海时的灯塔，人一旦失去了信念，就会失去方向和动力，遇到困难时很容易选择放弃。因此，帮孩子树立起坚定的信念就显得尤为重要，以下是一些可供家长参考的建议。

1. 通过讲故事、看电影等方式让孩子知道信念的重要性。

涵涵是个文静的小女孩，做事总是遇到困难就放弃，不能坚持下去。

有一天，爸爸和涵涵一起看了经典动画片《西游记》。看完之后，爸爸问涵涵为什么唐僧在遇到那么多挫折、危险的情况下还能坚持去西天取经，甚至不怕丢掉性命。涵涵摇摇头，说不知道。爸爸告诉涵涵："涵涵，唐僧没有放弃去西天是因为他是个有着坚定信仰和信念的人。他知道去西天取经是自己的使命，不管遇到怎样的困难都应该坚持下去，直到完成任务。我们做事应该像他一样，要有坚定的信念，决定要做的事就应该坚持做好、做完。"

涵涵明白了，爸爸这是在告诉自己，做事一定要坚持到底。从那以后，涵涵做事再也不半途而废了，遇到困难总是努力解决。大家都夸她是个有恒心的好孩子。

通过讲解动画片里的故事，爸爸让涵涵明白了拥有信念的重要性。涵涵也学会了不轻易放弃，做事有始有终，成为一个有坚定信念的好孩子。

用给孩子讲故事、陪孩子看电影等方式来让孩子明白信念的重要性，能够让孩子更容易理解和接受，从而树立起坚定的信念，坚定地去实现自己的目标。

2. 在孩子遇到挫折时要多鼓励。

小海是个聪明懂事的孩子，最近却遇到一个麻烦。

原来，小海和几位同学一起，代表班级参加学校运动会的跳绳比赛，最近他们正在练习，可每当轮到小海跳的时候总会打乱节奏，因为小海跟不上抡绳同学的动作。班里训练的进度因此被拖后，一些同学对小海也产生了意见。小海对自己很失望，他无奈地告诉爸爸，自己准备放弃了，让老师换人。

听了小海的话，爸爸语重心长地对他说："小海，为什么要轻易放弃呢？爸爸觉得你是可以跳得很好的。你现在只是遇到一点小困难，只要自己多加练习，跟同学多多配合，一定可以跳好的！"

爸爸的话给了小海勇气和信心，他决定坚持下去。他开始进行更多的练习，还请同学来帮忙。很快，他和抡绳的同学就能配合得很好了，再没出过差错，运动会上他们取得了很好的成绩。小海也由此树立了坚定的信念，再不轻言放弃。

在小海遇到困难时，爸爸及时给予了鼓励和帮助，为他提供了解决问题的建议，给了他勇气和信心，最终使小海成功完成任务，同时还拥有了坚定的信念，遇到困难时选择努力而不是轻易放弃。

当孩子遇到困难时，家长不免会有些着急，但一定不能冲动地训斥孩

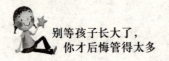

子，这样做反而会让孩子更没信心。这时家长应该给予孩子适当的鼓励，或者表扬孩子做得好的地方，帮孩子树立起信心和信念，坚持到底。

3. 为孩子树立一个信念坚定的榜样。

小林今年九岁，已经上四年级了。星期天，妈妈带他一块儿爬山。

还没到半山腰，小林就连连喊累，说不想爬山了，让妈妈带他回家。妈妈苦口婆心劝了小林很长时间都不管用，小林还是坐在地上不起来，吵着妈妈带他回家。这时，旁边爬山的父子俩引起了妈妈的注意。妈妈指着那个比小林还要小的男孩对他说："小林，你看那个弟弟，比你还小呢，现在还在跟着爸爸爬山，没喊苦没喊累，你还有什么好抱怨的呢？走吧，咱们继续往上爬，妈妈相信你能行的。"

听了妈妈的话，再看看旁边的小男孩，小林没有再说什么，拉着妈妈的手开始继续爬山，最后终于成功登顶。从此以后，只要遇到困难想要放弃时，小林都会想到那个坚持不懈的男孩，告诉自己坚持下去，做事再不能半途而废了。

小林的妈妈为他树立起了一个坚持到底的榜样，让小林明白了做事不应半途而废，树立起了坚定的信念。

其实，孩子的模仿能力很强，父母应该利用这一点，善于利用榜样的力量来影响孩子，帮孩子树立坚定的信念，教孩子学会不轻易放弃。不过，在为孩子树立榜样的时候，家长一定要注意方式方法，态度要诚恳温和，不能训斥、攀比。

不要对遭遇失败的孩子一味责骂

浩浩今年八岁，已经上三年级了。他平时不喜欢学数学，成绩也不怎么好。期末考试结束后，老师发下卷子，让大家带回家给家长看看。

看到浩浩数学卷子上不及格的分数，爸爸立马火冒三丈，他把卷子往地上一扔，冲着浩浩喊道："你怎么这么笨？竟然没及格！你真让我丢人！家长会我不去开了，你自己想办法吧！"

看到爸爸这么生气，本来就很伤心的浩浩对自己更失望了，他觉得自己是肯定学不好数学了。从那以后，浩浩对数学是又恐惧又厌烦，上课也不想听，作业也不想做，成绩下滑地越来越厉害，爸爸的责骂也更多更重了。这种恶性循环使浩浩彻底放弃了数学。

看到浩浩考试不及格，生气的爸爸只是训斥了他，却没有教他正确地看待这次失败。也许爸爸认为责备会让浩浩知道努力，为自己争口气，但他却没想到责骂会给浩浩的心理带来负面影响，让浩浩失去自信和动力，变得厌学，也不愿和父母交流，最终"破罐子破摔"，彻底放弃了学习数学。

当孩子遇到挫折时，家长的首要任务就是教孩子正确看待失败，引导孩子战胜困难，重新开始。失败是成功之母，只有让孩子正确地看待失败，明白失败也是取得进步的一个过程，才能让他们从中总结出经验与教训，把

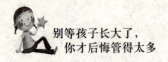
失败当作成功的阶梯，有继续努力的勇气和信心。以下是一些供家长参考的建议。

1. 告诉孩子失败是正常现象。

瑶瑶平时喜欢朗诵诗歌，最近她参加了学校组织的朗诵比赛。家人和同学都对她信心十足，认为她肯定能取得好名次。瑶瑶也对自己充满信心。

初赛的这一天，瑶瑶早早便来到了比赛现场。轮到她朗诵时，看着台下坐着的观众，瑶瑶紧张了，她从来没在这么多人面前朗诵过啊。这让瑶瑶有些慌张，出现了几次忘词。最终瑶瑶只是勉强进入了复赛。

回到家后，瑶瑶既伤心又失望，她一直觉得自己朗诵很棒，没想到这次的成绩这么差。看着情绪低落的瑶瑶，妈妈对她说："瑶瑶，你只是遇到了一个小小的失败，这是正常的，爱迪生发明灯泡还失败了很多次呢。你现在应该做的是打起精神，克服恐惧，好好为复赛做准备。"

听了妈妈的话，瑶瑶觉得小小的失败并不算什么，她鼓起勇气，开始为复赛进行准备。最终，她在复赛中获得了一等奖。

在瑶瑶因为紧张而遭遇失败时，妈妈没有训斥她，而是安慰她，告诉她失败是正常的，从而帮她树立了信心和勇气，最终取得了好成绩。

当孩子遇到失败时，家长应该告诉孩子什么叫失败，让孩子知道失败与错误不同，失败是种正常现象，自己应该从失败中学到一些东西。只有这样，孩子才能正确地看待失败，为成功打下基础。

2. 引导孩子从失败中总结经验教训。

彬彬最近在跟爸爸学骑自行车，可他经常连人带车摔倒在地。每到这时，彬彬就大哭不止，不肯再跨上自行车了。

这天，彬彬又一次摔倒了，他对爸爸说不想学了。爸爸走过来，扶起彬彬，对他说："彬彬，不能就这么放弃啊。你是摔倒了很多次，但不能白白摔倒，你应该想想为什么会摔倒，下次骑的时候注意避免犯同样的错误，这样不就不会摔倒了吗？"

听了爸爸的话，彬彬认真地想了想，认为是平衡掌握得不好才导致自己摔倒的。他开始注意对平衡的掌握，就这样，彬彬骑车再也没摔倒，他很快就完全学会了骑自行车。

在彬彬由于总是摔倒而对自己失去信心时，爸爸对他进行了正确的引导，教他学会了从失败中总结经验教训，不再犯相同的错误，最终学会了骑车。孩子遭遇失败时，家长应该教会他们从中总结经验教训，让他们知道失败有时也是种财富，可以从中找到成功的方法，避免重复失败。

3. 对孩子的闪光点要加以表扬和鼓励。

小雨是个活泼可爱的孩子，平时喜欢踢足球。最近，他和班里的几个同学一起参加了学校组织的足球比赛。比赛中，小雨和同学们虽然很卖力，表现也很出色，却因战术运用不当，输给了另一支经验丰富的球队。小雨很沮丧。

看到小雨这么失望，妈妈对小雨说："小雨，为什么要这么沮丧呢？我看你们踢得很好啊！尤其是你，反应很快，很努力。你缺的只是经验，只要多加练习，一定可以踢得更好！"

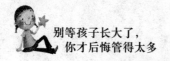
　　小雨没想到球输了妈妈还会表扬自己，转念一想，自己确实很努力了，踢得也不错，只是经验不足。他决定以后一定要和同学们多加练习。很快，他们球队的水平就得到了很大提高，他们也学会了合理运用战术，经常在比赛中取得胜利。

　　在小雨输掉比赛时，妈妈没有训斥他，而是指出他的闪光点并加以表扬，同时鼓励他做得更好。小雨从妈妈的表扬中获得了信心和勇气，努力地去提高自己的能力，最终取得了很大的进步。

　　4．告诉孩子失败只是暂时的。

　　贝贝是个聪明可爱的小女孩，今年上三年级，开始学习英语了。可是贝贝最近越来越不想上英语课，觉得英语很难学。

　　原来，英语老师布置了作业，让大家把二十六个英文字母背下来。大家都完成了，只有贝贝背不下来。看着别的同学已经开始学写单词，贝贝心里又急又气，可她还是背不下来。贝贝觉得自己不会学英语，她不想学了。

　　知道这件事后，爸爸鼓励贝贝："孩子，你只是暂时没背下来而已，也许你多背一段时间就能记熟了，不能就这么轻易地放弃了英语啊。多坚持几天，好吗？"

　　贝贝听从了爸爸的建议，接下来的几天，在爸爸的帮助下贝贝试着用很多方法来记字母。没过几天，她就能熟练地背出所有字母了。现在贝贝对学习英语充满信心。

　　在贝贝因为背不熟字母而对学习英语失去信心时，爸爸告诉她失败是暂时的，坚持下去就能成功。这不仅给了贝贝信心和动力，还让她学会了不轻易放弃，努力成为一个有毅力、有信念的孩子。

引导孩子乐观地看待问题

小辉是个聪明可爱的男孩，平时喜欢下围棋。最近，市里举办了青少年围棋大赛，信心满满的小辉参加了比赛。没想到人外有人、山外有山，在高手如云的比赛中，小辉连初赛都没有通过。

小辉的心情像是从高空跌落到了谷底，他对自己很失望。围棋本来是他最擅长的，这下却成了最让他失望的事。这种消极情绪让他整天无精打采，做什么事都提不起精神，上课不好好听讲，作业也没心思做。

渐渐地，小辉的成绩下滑得很厉害，老师提醒了小辉的父母，让他们要多关注儿子的成绩。小辉的妈妈忍不住责备了小辉几句，让他不要因为一件小事影响到学习。可是小辉还是打不起精神，他觉得连自己最擅长的事都失败了，其他事肯定是做不好的。

围棋比赛的失败深深地刺激了小辉，给他造成了心理阴影，让他对自己的能力产生了怀疑，失去了信心。更糟糕的是这种情绪还蔓延到了其他事情上，使得小辉没有动力和勇气做任何事。他的爸爸妈妈却没有及时发现问题，没能阻止这种情绪的扩散。知道小辉在比赛中的失败已经影响到他的学习后，妈妈也没有采取正确的方式教他处理不良情绪，小辉还是生活在比赛

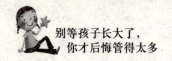
失败的阴影中。

孩子年龄小，自控能力差，还不懂得怎样正确处理自己的不良情绪，遇到小挫折觉得失望时很容易把这种情绪带到其他事情上，造成不良影响。因此，家长应该时刻注意孩子的情绪，教孩子学会正确处理，防止不良情绪的扩散。只有这样，孩子才能从失败中振作起来，学会激励自己。以下一些建议供家长参考。

1. 教孩子学会宣泄不良情绪。

娇娇是个聪明漂亮的小女孩，已经上幼儿园了。这天，老师教小朋友们画画，并给大家布置了一道作业：画一个自己最喜欢的小动物。

娇娇画了自己最喜欢的老虎。老师把大家的画收起来，一幅一幅展示给大家看，让大家一起说画的是什么。轮到娇娇的画时，小朋友们有的说画的是猫，有的说画的是狮子。老师请娇娇公布答案后，大家都笑了，说娇娇画得一点儿都不像老虎。看着大笑着的同学，爱面子的娇娇心里很不是滋味。

回到家后，妈妈见娇娇情绪低落，便问她怎么回事。听了娇娇的讲述，妈妈笑着对她说："傻孩子，没什么大不了的，不值得这么不开心。你去跟小朋友们玩会儿吧，回来洗个澡，睡一觉，就把这件不愉快的事忘掉啦。"

娇娇听从妈妈的建议，去找邻居小美搭积木了。两人玩得很开心，没过多长时间娇娇就把这件不愉快的事给忘了，又恢复了原来机灵活泼的模样。

面对娇娇因小事而产生的不愉快，娇娇的妈妈建议她通过玩耍等方式来排解，娇娇也很快就把不良情绪赶走了。

其实，释放不良情绪的方法有很多，哭泣、运动、倾诉都可以让孩子平静下来。教孩子把不良情绪宣泄出来，他们才能很快振作起来，不让不良情绪扩散到其他事情上。

2. 鼓励孩子向父母倾诉，寻求帮助。

东东是个二年级的小学生，平时喜欢玩飞机模型。最近班里的几位同学参加了学校举办的科技创新大赛，他们准备做一个飞机模型，还推选东东做组长。可是，由于是第一次参加这样的活动，以前也没有做过班干部，没有领导别人的经验，东东手忙脚乱，导致小组效率很低，进度落后很多。为此，东东很是苦恼。

东东的爸爸见他情绪不高，便问他怎么回事。东东把小组的事讲给爸爸听。爸爸听了之后，笑着对他说："原来就是因为这件小事啊！你怎么不早跟爸爸说呢？我觉得你现在应该做的是分配好每个人的任务，提高效率。"之后，爸爸还给东东讲了很多任务分配和人员组织的知识，东东知道应该怎么做了。

按照爸爸提供的方法，东东重新分配了任务。很快，小组的工作就进行得有声有色了。在大赛中他们的作品还获了奖。

在东东遇到困难时，爸爸及时了解并提出了建议，不仅解决了小组的问题，也让东东由沮丧变得自信，最终取得了好成绩。

3. 让孩子学会积极乐观，不要沉湎于不良情绪中。

点点是个聪明可爱的小女孩，她的爸爸是英语老师。在爸爸的影响

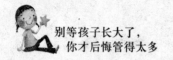
下，点点对英语很感兴趣，经常主动地学习一些与英语有关的知识。最近，她被班里选为代表去参加学校组织的英语知识竞赛，大家都对她充满信心。

可是，随着比赛日期的临近，点点越来越紧张，她开始不相信自己，生怕成绩不好给班级抹黑，做什么事都有些心不在焉。点点的爸爸看到她这么焦虑，便安慰她："宝贝，竞赛还没开始呢，你怎么就知道自己肯定不行？爸爸相信你，你也要相信自己，不要一味往坏的方向想，要乐观向上。"

爸爸的话让点点振作起来：是啊，竞赛还没开始呢，怎么就能自己认为自己不行？一定要对自己有信心！点点为竞赛进行了充分的准备，自信的她也取得了不错的成绩，给班级争了光。

看到点点因为紧张而没有信心，她的爸爸鼓励她要积极乐观，相信自己的实力。点点最终明白焦虑是没有意义的，学会了乐观地看待问题。

孩子年龄小，心智还不成熟，遇到事情容易产生消极情绪，容易否定自己。这时家长一定要鼓励孩子去乐观积极地看待问题，不要只往坏的方面想，要对自己有信心。这种乐观心态对孩子的成长和未来是很有帮助的。

失败后帮孩子寻找自身的闪光点

圆圆是个聪明可爱的小家伙，在幼儿园时就深受老师和同学的喜爱。

转眼间，圆圆上小学了。经过一段时间的观察后，老师提出选举班干部。圆圆想做班长，他对自己很有信心，胸有成竹地参加选举。没想到最终圆圆落选了，这让他非常失望。

从那以后，圆圆就变了。他变得对什么事情都不感兴趣，没有信心，作业不好好做了，有时甚至直接不做；对班里的事情也不像以前那样积极主动，集体活动能不参加就不参加。爸爸妈妈都不知道这是为什么，问到圆圆时，圆圆就会说："反正我什么事也做不好，干脆就不做了。"他们对此很是无奈。

受到了选举失败的打击后，圆圆开始一蹶不振，不再为任何事情努力付出。造成这种情况的原因是多方面的：首先，圆圆这个年龄的孩子还不成熟，心理比较脆弱，承受挫折的能力比较弱，遭遇失败时很容易对自己失去信心；其次，圆圆的爸爸妈妈在他遭遇失败后没有给予及时有效的帮助和引导，未能帮孩子排除不良情绪、重建信心，最终导致圆圆沉湎于消极情绪中，变得自暴自弃。

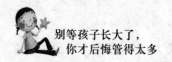

当孩子失败时，很容易对自己失去信心，甘于落后。这种自暴自弃的心态将对他们造成很多不良影响。自暴自弃的孩子通常认为自己没有能力把事情做好，从此自甘落后，不求上进。这种消极情绪不利于他们的学习和成长，也不利于他们性格的塑造，还会让他们失去很多机会，对他们将来步入社会是很不利的。因此，家长必须鼓励孩子走出失败阴影，不能让他们自暴自弃。以下是一些供家长参考的建议。

1. 帮孩子发现自己的闪光点。

龙龙是个聪明懂事的男孩，已经上二年级了，平时很喜欢学习，尤其是数学，经常参加各种各样的数学竞赛，取得了不错的成绩。

这次，龙龙参加了市里组织的奥林匹克数学竞赛，信心满满的他在大家的期望中进入了考场。可是，没想到这次的题这么难，龙龙有好几道题都不会做。最终，龙龙没有进入复赛。他对自己很失望，甚至产生了厌学情绪。

看着无精打采的儿子，龙龙的爸爸对他说："宝贝，虽然你没通过初赛，但我觉得你已经做得很好了。你看，题这么难，有的已经高于二年级学生的水平了，可你做对了好多呢，这已经很不容易啦。而且，敢参加这么难的考试，说明你是个很勇敢的孩子呢！"

听爸爸这么说，龙龙又想了想，觉得这些题的确比学校考试的题要难很多，自己已经做得不错了，只是需要做更多的练习。于是，龙龙振作起来，更加努力地学习。

当龙龙因竞赛中的失败而产生厌学的想法时，他的爸爸没有因为他的失败而训斥他，而是努力找出他在整个过程中的闪光点并加以表扬，这给了龙龙动力和信心，也阻止了他自暴自弃。

每一个孩子身上都有闪光点。在他们遇到失败的时候，家长就更要努力地寻找他们身上优秀的地方并加以表扬，只有这样，才能帮孩子重拾信心，阻止他们自甘落后，让他们充满勇气和信念，重新开始，更加努力。

2. 用事例让孩子明白坚持不懈、追求上进的意义。

涛涛今年五岁，是个活泼好动的小家伙。妈妈知道他特别喜欢搭积木，就特地给他买了一套城堡积木让他玩。

刚开始，涛涛特别喜欢这套积木，一有时间就拿出来玩。可是，每次搭到城堡的顶层时积木都会由于太高而倒塌，涛涛试了很多次都没能把城堡完整地搭建起来。这天，积木又倒塌了，涛涛又急又气，坐在地上大哭起来。妈妈过来安慰他，涛涛却对妈妈说以后再也不玩积木了，他觉得自己太笨了。

听完涛涛的话后，妈妈笑着对他说："涛涛，你怎么能这么轻易地就放弃呢？还记得之前看过的体操比赛中的运动员叔叔吗？只要坚持不懈、追求上进，而不是自己放弃，总会成功的。你再坚持一段时间好不好？"

涛涛想了想，决定再去试试。这回他不急不躁，安安稳稳地把积木完整地搭好了。

积木老是搭不好时，涛涛对自己没了信心，觉得自己很笨，准备放弃了。妈妈用运动员叔叔的事例告诉涛涛坚持以及追求上进的意义和作用，让涛涛学会了要相信自己，不能自暴自弃。

3. 给孩子换个环境。

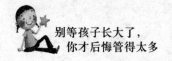
甜甜是个漂亮可爱的小姑娘，特别喜欢跳舞。最近，学校组织了舞蹈大赛，甜甜所在的班级也参加了，老师编排了一个群舞，甜甜便是其中一员。

经过辛苦的排练，大家终于要登上比赛的舞台了。可就在比赛的过程中，由于过于紧张，甜甜忘掉了几个舞步，影响了整体发挥，导致他们班的成绩并不理想。

伤心的甜甜回到家大哭一场，说以后再也不跳舞了。从那之后，她也不再像以前一样蹦蹦跳跳了，整天都愁眉苦脸的。为了让甜甜从这种阴影里走出来，爸爸妈妈决定为她转学。

来到新的学校之后，甜甜认识了很多新的朋友，渐渐适应了新的学习生活，不开心的事情也不再多想了。不久，甜甜就重新开始了练习跳舞，性格也恢复了原来的活泼开朗。

通过给甜甜换一个环境，甜甜的爸爸妈妈帮助甜甜走出了失败的阴影，她改变了自暴自弃的心态，重新充满信心地开始练习舞蹈。

有时孩子受到的打击比较大，一时难以重拾信心。这时家长不妨考虑为孩子换一个新的环境，让孩子在好奇、适应的过程中走出阴影，重新树立信心。

父母的"保护"让孩子跌倒了不敢爬起来

小云今年八岁，已经上三年级了，平时经常帮着妈妈做些家务活。最近，妈妈在教小云洗碗。

这天，等全家人吃过午饭后，小云便把所有碗筷拿到厨房去洗。突然，"哗啦"一声，小云一下子没拿稳，一只碗滑落到地上打碎了，小云大哭起来。爸爸妈妈赶紧安慰她，说以后再不让她洗碗了。

从那之后，妈妈果然再没让小云洗过碗。而小云也不敢再去洗碗，害怕再把碗打碎。除此之外，小云还变得做什么事都没有信心，生怕自己做错或做不好。即使鼓起勇气做一件事，也是遇到困难就抛给别人，甚至干脆大哭一场。在学习上更是如此，做作业时遇到不会做的题从不自己思考，担心自己做错，总是借同学的作业抄。渐渐地，小云的成绩下滑得很厉害，同学们也不喜欢这个遇到点困难就大哭的女孩，逐渐疏远了她。

小云在学做家务的过程中把碗打碎后，开始对自己没信心，觉得自己什么事情都做不好，对别人有了很强的依赖性，而且总是轻易放弃。这种一蹶不振的心态的形成主要有两方面原因：一方面，孩子年龄小，心智不成熟，遇到困难很容易会想到放弃；另一方面，小云的爸爸妈妈在小云把碗打碎

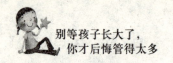

后，没有鼓励她总结经验教训，而是在安慰之后再不让她洗碗以避免再次出问题。这种"保护"心理纵容了小云，使她学会了推卸责任，轻易放弃。

失败是令人沮丧的，对孩子来说尤其如此。遭遇失败的时候，孩子很容易变得灰心，对自己失去信心。这时，家长一定要鼓励孩子振作起来战胜挫折，只有这样，才能让孩子在面对失败时拥有良好的心态和承受挫折的能力，才能让孩子拥有坚强的品质和不轻言放弃的精神。以下一些建议供家长参考。

1. 教孩子学会控制情绪、调整心态。

平平今年七岁，是个漂亮可爱的小姑娘。在大家眼里，平平是个娇弱的小公主，每次遇到困难都会哭着找妈妈。

这天，平平在房间里收拾自己的书架。书架有点高，平平踮着脚才能够着最上面的一层。一个趔趄，平平手里的书掉在了地上，她自己也摔倒在地。平平立马大哭起来，还埋怨妈妈不帮自己。妈妈听到后对她说："平平，事情已经发生了，书已经掉在了地上，你在这里大哭、埋怨有什么用？你应该做的是擦掉眼泪站起来，再去把书捡起来放好。这样才叫有意义。"

听妈妈说完后，平平想：是啊，自己在这里哭有什么用？还不如动手把书捡起来。于是，平平擦干眼泪，把书捡了起来。

从那以后，无论遇到什么事情，平平都保持冷静，寻找解决问题的办法，再没有大哭大闹过。

平平遇到困难大哭时，妈妈教会她调整心态，去想有用的补救措施，这让她遇事不再企图推给他人或埋怨他人，而是自己振作起来去想办法。

出于天性，孩子在遇到挫折时往往会通过哭泣、抱怨等方式发泄自己的不满和委屈。作为家长，这时一定要教孩子学会平复心情，调整好心态，告诉孩子抱怨和哭泣都是没有用的，鼓励孩子想办法解决问题。只有这样，孩子才能振作起来。

2. 帮孩子分析失败原因。

毛毛是个一年级的小学生。一直以来他都有一个大烦恼：没人愿意和他做朋友。时间长了，他就成了一个少言寡语、有些孤僻的孩子。

看到毛毛越来越内向，爸爸的心里不免为他着急。经过一段时间的观察，爸爸发现了毛毛没有朋友的原因：他总是拒绝帮助别人，而且不讲卫生。

于是，爸爸对他说："毛毛，你知道自己为什么没交到朋友吗？爸爸可是发现了，你随地扔垃圾，而且别人请你帮忙时你总是拒绝，是不是？"

毛毛点点头，爸爸继续说道："毛毛，只有把这两个缺点改了大家才会喜欢你，才会愿意跟你做朋友。从明天开始就不要随地扔垃圾了，别人遇到麻烦也要尽量提供帮助，这样你一定会有朋友的！"

听了爸爸的话，毛毛也开始反思自己为什么没有朋友。他听从爸爸的建议，改掉了乱扔垃圾的毛病，还主动地帮助同学。渐渐地，毛毛交到很多好朋友，性格也开朗了许多。

当毛毛因为交不到朋友而变得内向时，爸爸为他指出了错误和缺点并鼓励他改正，最终毛毛成功地与大家成为朋友。

当孩子遇到困难而变得一蹶不振时，不仅仅是因为承受能力差，还因为

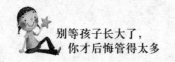
他们没有正确看待问题，分析失败的原因和教训，也就不知道该如何改正。这时，家长可以帮助孩子分析失败的原因，为孩子提供一些建议，帮孩子振作起来。

3.家长要学会"袖手旁观"，让孩子自己振作起来。

五岁的亮亮顽皮好动，经常到公园里跟小朋友们一起玩。这天，亮亮跟小朋友们一起滑滑梯，滑到下面时一不小心被绊了一下，摔倒在地。亮亮放声大哭起来，不远处听到哭声的妈妈连忙赶来。

见亮亮并没什么大事，妈妈就站住了，希望亮亮能自己站起来。亮亮哭了一会儿，发现妈妈并不打算过来扶自己，便自己爬了起来。

回家的路上，亮亮问妈妈刚才为什么不去扶他。妈妈告诉亮亮："亮亮，妈妈没有去扶你是因为妈妈知道你没有受伤，可以自己站起来。妈妈希望你能靠自己的力量站起来，而不是依赖别人。以后遇到其他困难也一样，要自己振作起来，不要依赖别人。"

妈妈的话让亮亮知道了要靠自己振作起来。从那以后，无论遇到什么困难，亮亮都会勇敢面对，想办法解决问题。

亮亮摔倒时，他的妈妈并没有像很多家长一样跑过去安慰孩子，而是让他自己站起来。这让亮亮学会了勇敢地面对困难。

当孩子遇到困难时，经常希望以哭泣的方式引起家长注意，得到安慰并让家长替自己解决问题。这时，家长应该学会"袖手旁观"，让孩子自己振作起来。这样做不仅可以培养孩子的独立性，还可以增强孩子承受挫折的能力，使他们在遇到困难时能迅速振作起来。

教孩子学会合理地制定和实现目标

铭铭已经是小学五年级的学生了，但他的成绩一直很差。老师很不喜欢他，因为他不仅上课溜号，而且作业也不能按时完成。每一次家长会老师都要把铭铭的家长单独留下进行一番谈话。

如今，又是学期期末，铭铭还是班级里的倒数几名。

接着就该开家长会了，而无一例外的，铭铭的家长被留了下来。

这一次来开家长会的是铭铭的妈妈，她一脸无奈地走到讲台前对老师说："老师，我们家铭铭又给您添麻烦了。"

但这次老师的态度却有所不同，他不但没沉着脸询问铭铭在家的情况，反而笑着说："张铭妈妈，这次我想我找到你家孩子的问题在哪儿了。"

"真的？老师，我家铭铭是怎么回事？"

"您先别急，我想先问问您，张铭在家是不是……"

"唉，老师，您别说了，还是老样子，早上叫个三四遍还不肯起床，回家放下书包就跑出去玩儿了，我管也管不住。"铭铭妈妈叹着气说。

"呵呵，一猜就是这样。考试前几天，我们班被抽中上了节示范课，

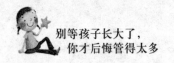
其中一个环节是讲述'我的目标'，几乎每个孩子被叫起来都能说出来几个，唯独你们家孩子支支吾吾了半天什么也没说出来。那时我就明白是什么问题了。"

"您是说铭铭他没有目标？"

"没错，他在家也没说过他想干什么吧。"老师继续说道，"张铭是个很聪明的孩子，但没有目标再聪明也出不了好成绩。"

铭铭的妈妈看到了希望："老师，您说我该怎么做？"

目标是想要达到的境地或标准，是一个方向上的指引，而确立目标对于孩子的成长是至关重要的。铭铭之所以会成绩差、上课溜号、贪玩，正是因为他没有确立目标。而没有目标的孩子就像没有船长的船只，他们的行为会带有很强的随意性，任其发展下去就会变得像铭铭一样积久成习，并对学习和生活造成很大的影响。

所以，孩子应该学会制定目标，而且要学会制定合理的目标，因为目标合理才能收到应有的效果。制定目标不宜好高骛远，过高的目标会给孩子自身造成心理压力，让他产生畏难情绪，从而挫伤孩子的自信心。而目标也不宜制定得过低，没有挑战性的目标很难激发孩子坚持下去的动力。

那么，在孩子学习制定合理目标的过程中，家长应当给予怎样的帮助呢？以下一些建议供家长参考。

1. 给孩子一个正确的引导。

第一次制定目标，孩子很难给自己一个准确的定位，他们对自身概念模糊，对未来也处于迷蒙状态，所以，此时父母扮演的角色尤其重要。

父母每天观察自己的孩子，并且旁观者清，往往会比孩子更加了解他们想要的是什么。当孩子制定目标陷入困境时，父母要给孩子一个正确的指引，给他们提供一些建议作为参考，为他们指引思考的方向，让他们了解自己的喜好。

在这里有一点需要家长注意。大多父母望子成龙、望女成凤，对孩子的评判时常带有强烈的主观色彩，目标的制定往往根据的是他们自己的想法而不是孩子的实际情况。所以，在指导之前家长应先摆正自己的位置，认清孩子才是目标的主体。

2. 注意目标的阶段性。

起初，孩子很难把握目标的尺度，他们往往将目标定得很大、很远，从而导致目标细节上的模糊，所以，有时他们制定的目标看上去难以实现。

蒙蒙是个很喜欢制定目标的孩子，她的书桌上贴着大大小小的便签，上面写满了目标。

有一天，蒙蒙的妈妈到蒙蒙的屋里收拾东西，正巧看见蒙蒙在便签上写着什么，而手边是一堆刚撕下来的便签。她走过去拿起来一张张地看，发现有很多目标都是重复的，只是日期不同，心里登时便明白是怎么回事。

她抽出一张便签问："蒙蒙，我看你上上个月的目标是背完新概念第一册的单词，你背完了吗？"

蒙蒙写字的手一顿，小幅度地摇了摇头。

"那上个月呢？你上个月也有背完新概念第一册单词的目标，两个月你背完了吗？"

蒙蒙又摇了摇头。

"那你现在在写什么呢？"

蒙蒙抬起头，小脸很沮丧，她将手里的便签递给妈妈，小声道：

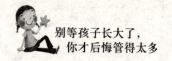
"还是背单词。"

看到女儿沮丧的脸，蒙蒙妈妈温柔地揉揉她的头发，柔声说："蒙蒙，你这样制定目标是很难完成的。你看，你自己写完它是不是也觉得不知道从哪里下手，也觉得很为难？"

"是啊，妈妈，每次我想背单词时就会想到那么多单词我什么时候能背得完，结果就不想背了。"

"没错，蒙蒙，你这是方法有些问题。这样，妈妈有一个建议，你可以将你这一个月要背的单词分解到每天当中，这样你每天背一些怎么样？"

蒙蒙想了想，欣然接受了妈妈的建议。一个月后，她果然背完了第一册的单词，并开始了第二册的学习。

目标是有阶段性的，就像我们登山可以将几千米高的山峰划分成无数个脚印一样，一个大的目标也可以细分为无数个小目标。这样做不仅可以减少孩子的心理压力，也有利于孩子坚持下去。当孩子出现这样的问题时，家长应当像蒙蒙的妈妈一样及时给予帮助，引导孩子制定合理的阶段目标。

3．家长要适时地监督与鼓励。

一个好的目标需要有时间限制，以便于衡量和考核。

孩子制定好目标后，父母还应要求孩子将目标写在纸上，以便提醒自己。事实证明，喜欢将目标写下来的人比口头承诺的人更容易获得成功。而目标的视觉化常常会使孩子联想到完成目标时的情景，并产生成功的喜悦感，也更容易激发孩子采取行动的欲望，以便实现目标。此外，父母还可以设置一些奖励措施。当孩子如期达成目标，可以奖励一本书、一件衣服、一个玩具等，但尽量不要做金钱上的奖励，以免孩子养成对于金钱的依赖心理。而当孩子未能完成目标时，父母也不必去训斥孩子，而是应该和孩子一起分析目标没有达成的原因，及时纠正错误。当然也不可过度迁就，使得目标变成可有可无的存在。在孩子养成制定目标的习惯并能按时完成它之前，父母要发挥好监督作用。

孩子学会制定合理目标不是一蹴而就的，父母要陪在孩子身边，耐心地给予指导，帮孩子养成这个好习惯，使他们终身受益。

第四章　惩罚和说教

不利于激发孩子的正能量

别总对孩子说别人家的孩子好

俗话说："看庄稼是别人的好，看孩子是自己的好。"可是，现实生活中却有许多父母都会觉得别人的孩子好，例如别人的孩子成绩优异，别人的孩子懂礼貌，别人的孩子更听话……他们深爱着自己的孩子，却总觉得自己的孩子比不上别人的孩子，而在这种压力下，自己的孩子也变得越来越糟。心理学上有一个原理叫"投射效应"，就是说在生活中人们常常以一己之见去揣测别人的心思，以自己的喜好来决定他人的喜好。当你认为这个人很好时，他就会变得越来越好；而当你认为这个人很差时，他就会变得越来越差。这个原理很好地解释了为什么父母认为自己孩子不够优秀，孩子就真的变得一塌糊涂的现象。

"东东，你出来一下。"妈妈一进门就对正在写作业的儿子气呼呼地说。

"怎么了？"东东一看妈妈神色不对，吓得大气也不敢出。

"怎么了？你们今天测验了是吧？考了多少分啊？"妈妈瞪着东东问道。

"哦……"东东显然没有想到妈妈知道学校测验了，犹豫着要不要将自己的分数说出来。

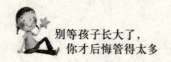
"说话呀！"妈妈生气地说，"你现在是越来越有主意了是吧？考试了都不告诉我，想蒙混过关是不是？要不是我刚才去了隔壁小月家，我都不知道你们考试的事儿。"

东东知道逃不掉了，吞吞吐吐地说："我……我怕您生气。"

"不告诉我就不生气了？有本事你多考点，多考点我就不生气了。考了多少？"

"考了……12分。"东东战战兢兢地小声说。

沉默了两秒钟之后，妈妈叹气道："唉！我真是太失望了！你说你怎么这么笨啊？你看人家小月，回回考前几名，妈对你要求不高吧？及格就这么难？"

"我已经很努力了。可是……"东东红着眼睛说道。

"你努力了吗？一直跟你说笨鸟先飞、笨鸟先飞，脑子不好使就得比别人多学会儿。你多学了吗？"

"我已经比别人学的时间长了。"东东委屈地说，"妈，我是不是真的很笨啊？"

"唉，我跟你爸都没上几年学，也难怪你不聪明。"妈妈说完转身走了，留下东东在原地难过地哭了起来。

在妈妈眼中，东东就不是一个聪明的孩子，从小她给东东灌输的思想就是"笨鸟先飞"。难道东东真的很笨吗？当东东伤心欲绝，问妈妈自己是不是真的很笨的时候，妈妈没有体察到东东的情绪变化，将东东不聪明的事实归结于自己和丈夫，这无疑是向东东宣判他真的很笨。这会给东东造成巨大的心理负担，在以后的人生中，东东都得背着"自己很笨"这个大包袱前行了。

孩子的成长具有不均衡性。这种不均衡性不仅表现在孩子在各个阶段智力增长的差异性上，还表现在对不同知识接受能力的差异上。比如，有些孩子上小学和初中时很聪明，学习成绩很好，到高中时却表现平平；而有的孩子小学时成绩很差，是上了初中后成绩却能突飞猛进。再如，有的孩子学数学似乎一窍不通，可在绘画方面却十分有天赋；有的孩子语文学得非常好，可是同样是语言类的科目英语成绩就特别差……所以如果对孩子的现状不太满意，父母也大可不必过于焦虑，更不能对孩子失去信心。坚持带着欣赏的眼光去看孩子，发掘孩子的潜质，鼓励孩子不断进步，相信孩子的未来一定比自己强，终有一天他们会带给你惊喜。

"孩子，你怎么了？"男孩一进家门便趴在桌子上哭泣，妈妈忙上前问道。

男孩抽泣着说道："我今天……告诉老师……我想当一名歌星，可是老师却说我……说我五音不全，不适合唱歌。"

妈妈听了想了一会儿，抚摸着孩子的头说："可是妈妈并不这么觉得，妈妈一直觉得你唱歌很有天赋。"

"真的吗？"男孩抬起头，虽然泪眼蒙眬却有了点生气。

"是呀！"妈妈语气肯定地说，"妈妈听你今天早上唱歌的乐感就比昨天好很多，这说明你一直在进步啊！"

"可是，为什么老师说我不行呢？"男孩擦着眼泪，疑惑地问道。

"老师又不就天天和你在一起，不了解你也是正常的，她又不像妈妈这样能天天听你唱歌，对吧？"妈妈耐心地安慰道。

"那倒是……"男孩若有所思地点了点头。

"还有，老师可能想让你把精力花费在别的方面，怕你唱歌耽误时

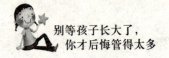
间，才这么说的。"妈妈轻轻拍了拍男孩的小脑袋说道。

"那我以后就在家里唱，妈妈可以给我当裁判，看我是不是有进步。"男孩开心地笑了起来。

事例中的男孩长大后成了著名的歌剧演唱家，他的名字叫恩瑞哥·卡罗素。卡罗素回忆自己成功的经历时，他说，正是有了母亲对自己的肯定和信任，他才能拥有骄人的成绩。也许当时他的母亲并没有对他成为歌唱家抱有幻想，但是那几句安慰的话语和鼓舞人心的信任改变了他的命运，造就了一个伟大的歌唱家。

信任孩子不是嘴上说说就行的，真正的信任应该是发自内心的、贯彻在言行举止之中的。信任孩子就应该给孩子自由发展的空间，信任孩子就要相信即使孩子现在不够优秀将来也一定会变得优秀。欣赏孩子的优点和长处会让孩子在"我很优秀"的心态中进步；而抱怨孩子的缺点和短处，只会让孩子在"我很差"的想法中逐渐沉沦。所以，要想使孩子变得优秀，就应该真正信任孩子，试着用欣赏和尊重代替指责和批评，用鼓励和期望代替讽刺和失望。

父母爱吵架，孩子易自闭

在生活中，有的孩子很乐观、很开朗，做事情也比较积极，有的孩子却很自闭，平时不喜欢和别人交流，经常一个人躲在角落里，看起来就像患有孤独症一样。孩子之所以会出现这样的情况，很大可能是家庭造成的。一般情况下，如果父母经常吵架，孩子就会受到很大的影响，或者极端、偏激，或者自卑、自闭，不论是哪种情况，相信家长都不愿意看见。为了让孩子有一个乐观向上的心态，家长们应该想办法把自闭的孩子从孤独的深渊中拯救出来。

曾经的雪姬很乐观、很开朗，走到哪里都有她的笑声，同学们都说她是个没有忧愁的快乐天使。但是，雪姬最近变了。

"雪姬，你来回答这个问题。"一次课上，老师提问道。

"呃，呃，我不知道……"雪姬一改往常的爽快，突然变得支支吾吾起来，后来连续好一阵子都是这样。老师以为她最近学习效果不好，但是测验的时候，她的成绩不错。

老师以为是自己提问的声音太大，吓到她了，所以后来提问时便把声量减小了。"雪姬同学，你能回答这个问题吗？"

"……"雪姬站起来，一句话都没有说，而且显得有些紧张不安。

"这么简单的问题都不能回答吗？"老师问道。

"……"又是一阵沉默，雪姬始终低着头，好像自己犯了什么错一样。

雪姬的情况日渐严重，老师觉得这有些不正常了，就把她带到了学校的心理咨询室。

通过检查，心理老师说："这孩子很可能是患上自闭症了。"

"什么？！"老师吓了一大跳，赶紧和她的父母联系。

"雪姬患上了轻微的自闭症，请问你们知道吗？"老师问雪姬的父母。

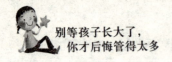
"什么，自闭症？我们不知道啊！"雪姬的父母也很吃惊。

"这是刚检查出来的结果，我觉得和家庭有关系，所以就向您二位咨询一下。"

雪姬的父母听了都不由得红了脸。原来雪姬的父母最近经常吵架，而且吵架时"战火"还会蔓延到雪姬身上。更让雪姬痛苦的是，他们前段时间还离婚了。

经历了这一连串变故的打击后，雪姬患上了轻微的自闭症。

"这都是我们的错。"雪姬的父母听到这个结果后十分自责，他们没有想到自己的做法会给孩子带来这么大的负面影响。

发生在雪姬身上的事情并不是特例。在我国，患上自闭症的孩子还有很多，而且孩子的患病比例比成人要高得多。先天患有自闭症的孩子语言能力较差，不能和他人进行正常的语言交流。而后天患有自闭症的儿童语言能力会出现倒退，与人沟通也会出现障碍。有的孩子在患上自闭症后，智力也会大幅度下降，表现出低智商、零思考等症状。总之，自闭症对孩子的成长很不利。

长期生活在不和谐家庭环境中的孩子，往往性格比较消极，夫妻不和、家庭暴力等情况让孩子不得不长期压抑自己的情绪，再加上不知道怎么向他人寻求帮助，很容易将真实感情封闭在自己的内心深处。慢慢地，孩子不愿和人交流，以至于语言能力退化，产生自闭性格。

如果发现孩子有自闭症的倾向，父母就要想办法来改变这一局面。作为父母，首先要做的就是更多地陪伴孩子，用关爱来打开孩子紧闭的心灵。

小鹿的爸爸总是出差，妈妈的应酬也很多，都没有什么时间陪伴她，所以小鹿总是一个人待在家里，除了写作业就是睡觉，每天都过得很冷清、很孤单。起初她只是不爱说话，到后来情况就越来越严重了。

这天，妈妈突然发觉，她和小鹿有段日子没有说过话了，所以便推掉了应酬，早早地回到家亲自下厨为小鹿准备了一桌丰盛的晚餐。

谁知道，小鹿放学回来后，只是看了妈妈一眼，然后就回自己的房间了。

"小鹿……"妈妈还没有来得及说话，小鹿房间的门已经关上了。这之后，不管妈妈怎么和小鹿套近乎，她都总是一个人待在房间里，不是摆弄玩具就是发愣。

"小鹿这是怎么啦？"妈妈一直很不解。

"小鹿，我们一起出去吧。"妈妈想带小鹿去看心理医生。

小鹿看了她一眼，没有说话。

妈妈拉着小鹿的手，说："小鹿，走吧，家里没意思，我们出去走走。"

小鹿没有反抗，直接跟着妈妈到了医院。

"你的孩子患有自闭症啊。"医生检查后说道。

这个结果妈妈已经猜到了："那该怎么治疗呢？"

"没有什么快速的办法，只能在日常生活中多陪陪她，慢慢让她开心起来。"

自闭症在家庭生活不和谐的孩子身上很易出现，是目前世界上很受关注的一种儿童心理疾病，具体表现为孩子情感、语言、思维等多方面行为发育障碍。如果孩子患上了自闭症，不但影响孩子正常的社交生活，对孩子的未来发展也会有很大的负面影响，因此，家长要特别关注出现自闭倾向的

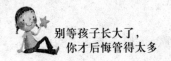
孩子。

当孩子有自闭的倾向时，父母要经常陪伴在孩子身边，耐心地跟孩子交流，主动和孩子进行沟通，要想尽一切办法，让孩子开口说话，和你聊关于他的事情。当孩子愿意和你交流，把心里话讲出来时，这表示他的病情已经有所好转，只要父母再多关心一点，多鼓励孩子开口说话，那么，孩子的自闭症就能够治愈了。同时，父母还要注意给孩子营造一个温暖的家庭环境，和谐的家庭生活能够给孩子带来更多的快乐，而快乐能够让孩子远离自闭症。

父母应多带孩子去户外玩耍，并鼓励孩子多交朋友，多亲近大自然，让孩子充分享受生活的乐趣，由此变得更加乐观向上。

当父母发现孩子有自闭症状时，也应尽快寻求专业人士的帮助，如心理医生、儿童教育专家等，让他们帮助自己一起把孩子领出自闭的深渊。

教给孩子应对挫折的办法

丁丁和小乔是一对无话不谈的好朋友，但是有一天，小姐妹俩突然闹起别扭来了。

"有什么大不了的，不就是抄一下你的作业，至于这么小气吗？"丁丁生气地对小乔嚷道。

"不是我不给你抄，是这样对你没有好处，反正还有时间，你自己写不是更好吗？"小乔解释说。

"分明就是你小气，我以后再也不理你了，你也别来找我玩。"丁丁生气地说。从此，两个好伙伴就谁也不理谁了。

事后，丁丁非常后悔。没有了小乔的陪伴，她每天都很郁闷，想跟小乔和好又怕丢面子，所以一直都躲着小乔。

"爸，我和小乔吵架了，我说了再也不理她，但是，这不是我的本意。我该怎么办啊？"丁丁问。

"很简单，向小乔道歉啊。"爸爸看着丁丁说。

"可是，万一她不原谅我，那多没面子啊。我不想去。"丁丁噘着嘴说。

"是面子重要还是你们的友谊重要？如果她不原谅你，你们顶多保持现状。但是如果她接受了你的道歉，你们就能恢复以前的关系了。"爸爸鼓励丁丁说。

"可是……"丁丁还是有点犹豫。

"你要多向前看，不要把事情想得那么悲观。你可以告诉自己，小乔一定会原谅我的，这样就不会太紧张了，而且小乔应该也不想失去你这个好朋友。"

"真的？"丁丁不敢肯定。

"不要想那么多，只要告诉自己'她会原谅我'就行了。"

听了爸爸的话后，丁丁开始不停地在心里告诉自己：小乔会原谅我，我们会和好，会变得比以前更好……

有了这样的自我暗示，丁丁自信多了，第二天一到学校，就找到小乔道歉。小乔果然愉快地原谅了她，两个人的关系变得比以前更好了。

事例中的这位爸爸的做法很值得借鉴。父母应该帮助孩子正确认识生活

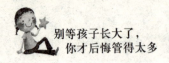
中的烦恼，并提醒孩子积极地去面对问题，让孩子对未来充满希望，有信心解决遇到的问题。

积极向上的孩子看待问题的眼光往往是乐观的，他们的目光始终盯着前方，即使遇到很棘手的问题也不会轻易颓废，而且他们坚信，只要自己能向前看，大步地往前走，肯定可以找到解决问题的方法，创造出属于自己的未来。事实证明，有梦想、有追求而且能够做到一切向前看的孩子，一般都比较有主见，也更容易在未来取得成就。当孩子为挫折和烦恼所困时，家长要做的就是帮助孩子建立自信。

榜样的力量是巨大的，当孩子遇到挫折时，家长可以给孩子讲一些名人或身边的人战胜挫折的事例，让这些人一切向前看、积极面对人生的生活态度引导、鼓舞孩子，带给孩子巨大的精神力量。

除此之外，家长还可以用其他有效的办法来鼓励孩子，让孩子把目光放长远，比如转换思维模式，从侧面或者反面来看问题，从失败中找到希望，从痛苦中看见快乐等。

敏敏最近很不顺利，经常做错事，心情也受到很大的影响，她甚至认为自己很没用，什么都做不好，整天唉声叹气的。

"敏敏，你这几天怎么总是闷闷不乐的啊？"妈妈问道。

"我最近倒霉死了，什么都做不好，呜呜……"敏敏说着就哭了起来。

"这孩子，遇到困难是好事儿啊，有什么可难过的？"妈妈笑着说。

"好事？"敏敏不解地问。

"你知道什么是'否极泰来'吗？"妈妈问。

"就是坏事过后好事就会来到。"敏敏答道。

"那你还难过什么？这证明你的好运就要来了，快把眼泪擦了，这么大了还哭鼻子呢！"妈妈笑着说。

"好像是啊，反正就算再遇到困难，我也觉得是家常便饭，没什么大不了的了。"敏敏想。以后，再遇到挫折，她就会马上想到"否极泰来"，心里的压力和不快就减轻了不少。

事例中的这位妈妈通过巧妙的方式帮助女儿排遣了消极情绪，不但帮助女儿走出失败的阴影，还增进了亲子关系。可见，父母的教育方式和思维模式对孩子的影响力是不可低估的。在孩子遇到挫折的时候，如果父母只是一味地指责孩子没出息，不能及时给予他们积极向上、向前看的正确建议，那么孩子的性格也会因此变得消极，在面对困难的时候一味退缩，缺少向前冲的动力和勇气。

父母在教育孩子向前看的时候，应该多做尝试以便从中找到最适合孩子的方法。当然了，家长教孩子学会向前看，并不是要让孩子好高骛远，而是包含对孩子的爱和期望，希望孩子不要被挫折打败，不要裹足不前。

让孩子体会生活艰辛，拒绝虚荣攀比

孩子大都有点虚荣心，看见别人有什么就想要什么，好像自己没有就低

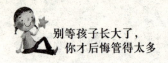
人一等似的，于是就缠着爸爸妈妈要这要那。对于一些不富裕的家庭来说，孩子的盲目攀比只会增加家庭的负担；对于比较富裕的家庭来说，虽然经济上不是问题，但一味地满足孩子的虚荣心会让孩子更加爱慕虚荣，从而养成浪费等坏习惯。因此，无论家庭的经济状况如何，家长都不应该允许孩子盲目攀比，否则会影响孩子价值观的形成，不利于孩子健康、快乐地成长。

　　"妈妈回来了？"听到敲门声后，朵颐高兴地跑去开门。

　　"妈妈，我给您拿包。"妈妈还没进门朵颐就赶忙伸过手去接妈妈的皮包。

　　"妈妈换鞋。"朵颐放下包又赶紧给妈妈拿拖鞋。

　　"今天怎么这么勤快？"妈妈觉得很奇怪，女儿向来是衣来伸手饭来张口的，怎么今天主动做起事来了。

　　"我本来就很勤快啊！妈妈，我想买一套布娃娃。"朵颐拉着妈妈的胳膊说。

　　"布娃娃？你已经有很多了。"妈妈指了指她的房间，"你的床上都快放不下了，还要买什么呀？"

　　"我要买一套小熊，我从来没有买过，我们同学都有。"朵颐着急地说。

　　"看在你今天这么乖的分儿上，妈妈答应你。"妈妈还不知道具体情况便答应了。

　　"太好了，妈妈万岁！"朵颐高兴地蹦起来。

　　"妈妈，给我一千块钱，我现在就去商场买。"朵颐伸出手等着接钱。

　　"多少？一千块？"妈妈惊愕地问。

"对啊，这两天打折，只要九九九，可值了。"朵颐说。

"你还真敢开口，我没钱！"妈妈生气地说。

"妈妈骗人，刚才您已经答应我了！我们同学都有了！"朵颐跺着脚说。

"不买！小小年纪攀比什么！"妈妈说完，就进厨房准备晚饭了，朵颐还在客厅里大吵大闹。

有句话说，穷什么也不能穷孩子。家长总是尽量满足孩子的各种要求，尤其是现在人们的生活水平有了很大的提高，家长更是要为孩子提供最好的物质条件。孩子在衣食无忧的环境中成长，往往不懂得勤俭节约，一些孩子还养成了盲目攀比的坏习惯，经常互相比较谁吃得好、穿得好、用得好，一旦自己落后了就责怪父母不关心自己。其实，这是孩子不懂得心疼父母。

有的孩子之所以攀比，很大程度上是受父母的影响。在日常生活中，孩子接触最多的人是父母，亲子间朝夕相处、亲密无间，孩子会观察父母的言行并模仿学习。如果家长爱慕虚荣、喜欢攀比，那么孩子也会朝着这方面发展。因此，家长必须坚持以身作则，比如，不要在孩子面前和同事、邻居或者朋友攀比，也不要盲目地拿孩子和其他孩子进行比较等。家长首先要让自己有正确的人生观、价值观，然后再引导孩子形成正确的人生观、价值观，避免孩子出现盲目攀比的心理。

"妈妈，我想要一件新的连衣裙。"杏子一回家就对妈妈说。

"可是你身上穿的这件才买了一个月，挺漂亮的，为什么又想要新的啊？"妈妈问道。

"这件不好看，我要新的，就像小丽穿的那件一样。"杏子说着就

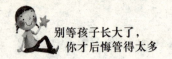
要把自己身上的裙子脱下来。

"这孩子，怎么这么倔呢，这件衣服又没有惹你，小心撕坏了！"
妈妈生气地说。

"不行，我就要新的！"杏子不依不饶地说。

"可以，但是你要自己攒钱去买。"妈妈想了想说。

"说话算数！"杏子听了便高兴地答应了。

接下来的日子里，杏子每天都帮妈妈扫地、洗碗，以此来攒钱买裙
子，一开始她还觉得很新鲜，可没过多久她就厌倦了。

"妈妈，我不想做了。"

"你干了二十天，一天五元，一共是一百元。"妈妈算了算就把钱
给了杏子。

"才这么少啊，根本不够买裙子啊！"杏子发愁道。

"没办法，你只能得到这么多钱，要想买裙子，可以继续干，二十
天之后应该就够了。"妈妈笑着说。

杏子拿着自己辛辛苦苦挣的钱，这才识到原来爸爸妈妈挣钱有多么
不容易，以后也不再随便向爸爸妈妈提出无理的要求了。

事例中的杏子看见同学买了新裙子，于是自己也想要一件一模一样的。
面对孩子的这种行为，妈妈让她在家里"打工"，用自己挣的钱去买。"打
工"二十天后，杏子终于意识到了父母挣钱养家的艰辛，从而改掉了自己喜
欢和别人比吃穿的坏习惯。

其他家长可以向杏子的妈妈学习，让孩子自己付出劳动去挣钱，从中体
会到生活的艰辛，让孩子认识到自己盲目攀比的行为会给父母带来更多的负
担，进而改掉这些不好的习惯。

用正面激励来帮孩子建立自信

想要让孩子充满正能量，家长就要想办法增强孩子的自信心，因为自信是成功的第一秘诀，是成就一个优秀孩子的法宝。但是，生活中有的家长却采用了一些相反的做法，以批评和指责为主，这样的方式很难取得好的效果。家长要多给孩子一些鼓励，这样做不但能够让孩子感到快乐，也能让其自信起来，从而取得成功。

林木说话时有点结巴，经常被同学们当作笑料。虽然他的成绩很好，却因此有点不自信。

其他人笑话也就算了，关键是他的父母也经常用这一点来开他的玩笑。林木觉得很没面子，渐渐就失去了说话的自信，不管别人说什么，他都只是简单地点点头或者摇摇头，基本上不怎么开口。

一天，赵叔叔来找林木，想让他给自己的儿子补补课。

"我儿子成绩太差了，林木能不能帮帮他？"赵叔叔笑着说。

"我……我……"林木刚想说"我可以试试"，谁知道话还没出口，爸爸却接过了话茬。

"我儿子嘴笨，学习好是不假，但只要一开口就露怯了。你还是另请高明吧。"

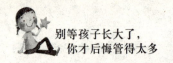
"不会的。"赵叔叔看了看林木，说："林木，别听你爸爸的，你要是答应，我明天就把我儿子带过来和你一起学习。"

"我……我看……"

"老赵，听见了吧，我可没骗你，到时候一道题讲一个小时，非把你儿子急死不可。"爸爸笑着说。

听了爸爸的话，林木的心瞬间就沉到了底，他也觉得自己会像爸爸说的那样，到时候多丢人现眼啊。

"我……我不行，您……还是找别人吧。"林木羞得满脸通红，赶紧跑回了自己的房间，身后传来爸爸的一阵笑声。

美国的一位教育专家曾做过这样一个实验：将几个学习成绩较差的学生当作优秀学生对待，再将几个优秀学生当作问题生来教，一段时间下来，发现原先学习成绩较差的几个学生都取得了进步，而那几个原本优秀的学生却都退步了。原因就在于学习差的学生受到老师的鼓励，自信心大增，学习的积极性也大大提高；相反，优秀的学生受到老师的冷落，自信心受挫，以致学习态度转变，成绩也下降了。因此，自信是非常重要的，不仅成年人需要自信，孩子也是如此。家长应该从小培养孩子的自信心，这样才能让他们在将来更好地适应这个竞争激烈的社会。

孩子是否自信和家长有很大关系。我们都知道，家长是孩子的第一任老师，也是孩子最重要的老师。在日常生活中，家长的言行一直影响着孩子，而孩子则会在潜移默化中学习和模仿家长的一言一行。家长要培养孩子的自信心，首先就要做孩子的楷模，先树立起自己的自信心，不管遇到什么困难，都要表现出信心十足的样子。当孩子遇到挫折的时候，家长还要适当地鼓励一下孩子，说一句"你一定能做好""你肯定会成功"，家长的肯定和信任能够增强孩子的自信心，帮助孩子战胜困难。

一般情况下，比较自信的孩子和父母的关系都比较好，父母经常把他们当作朋友或者生活伙伴，有什么事都会和他们商量商量，孩子在家庭中有很强的主人翁意识，因此总是表现得很自信。相反，如果家长经常训斥或是用粗暴冷淡的态度对待孩子，孩子就会觉得父母不喜欢他、不尊重他，时间久了，孩子就会产生消极情绪，对周围的人和事丧失主动性和热情，从而变得没有自信。所以，家长在教育孩子的时候，要采取正确的态度，不要事事苛责孩子，以免造成孩子自卑、自闭的不良性格。

　　月考成绩出来了，玲珑特别高兴，因为她这次进步了。

　　"妈妈，我进步了，我进步了！"刚进家门玲珑就高兴地嚷道。

　　"考了第几名啊？"妈妈冷淡地问。

　　"十三名。"玲玲笑着回答。

　　"才十三名啊，还没有达到我的要求呢。"妈妈不高兴地说。

　　"可是，我进步了十名呢，老师都夸我了。"玲珑委屈地说。

　　"老师是老师，谁考了第一名她都高兴。可是，妈妈只有在你考了第一名时才会高兴，懂吗？赶紧去学习！"妈妈大声说。

　　"可是，我真的进步了……"玲珑红着眼圈说。

　　"我说了，得了第一名再来和我邀功，现在赶紧去学习，争取下次考第一名。"妈妈严肃地说。

　　玲珑的眼泪在眼睛里直打转，她拿着成绩单回到房间，趴在床上伤心地哭起来。"坏妈妈，以后我再也不进步了，谁想考第一名谁考去，反正我也不稀罕……呜呜……"

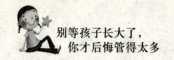
　　事例中玲珑学习成绩取得了进步，不但没有得到妈妈的表扬，反而受到了妈妈的指责，这让她很伤心，索性放弃了进步的欲望。家长们都是望子成龙、望女成凤的，但是有些家长对孩子的要求太高了，不但没有激励孩子取得进步，反而让孩子越来越没有学习的积极性。如果家长给孩子设定的目标或是指出的要求大大超过了孩子的能力范围，孩子就会经常受到失败的打击，屡战屡败会让孩子对自己失望，甚至怀疑自己的能力，这样对孩子建立自信心是十分不利的。所以，家长在给孩子设定目标、提出要求的时候，要以孩子的能力基础为依据，让孩子每次前进一小步，在成长的过程中不断进步。当孩子实现目标、达到要求之后，家长还应表扬和奖励孩子，让孩子体会到成功的喜悦，这样有助于培养孩子的自信心。

第五章 父母早些放开手，

孩子的创造力会更强

别以为孩子小就不能搞创造

"儿童的创造力是祖先经过至少五十万年与环境适应、斗争所获得而传下来的才能之精华，教育的关键在于启发和解放儿童的创造力，以利于他们以后从事创造工作。"这段话道出了培养孩子创造力的重要性。如今，不少父母都能意识到这一点，但也有很多父母认为，孩子年龄太小了，并不懂得什么是创造，还是等他们大一些再说吧。其实，他们这样的想法是不正确的。现代教育学研究表明，一个人的素质和能力如何，很大程度上取决于他在童年时接受的教育。

孩子小时候的好奇心最强烈，对世间万物都充满期待与渴望，并且拥有旺盛的精力，思维方式也最无拘无束。比如一个孩子刚刚学会握笔，便会到处写写画画，最开始他们画的东西往往非常凌乱，可能是交错的线条，或是不成形的圆圈，甚至是一些乱七八糟的点。这些看似没有意义的东西其实都是孩子通过想象创造出来的，只是他们才刚刚起步，离成为一个真正的画家还有一段漫长的距离而已。还有的时候，孩子会尝试着把东西堆成一堆，或者在沙堆上挖出一个深坑，这些都是他们大胆创新的过程。在孩子的童年时期，如果他们能够一直保持这种实践与创造的习惯，那么这将对他们未来的一生产生积极的影响，他们的创新潜能也能够得到最大限度的发展。尤其是在他们遇到苦难与挫折时，非凡的创造力会使他们找出比别人更多的解决问

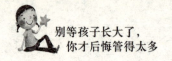
题的方法与策略。

一旦孩子到了成年以后，便会形成许许多多的思维定式，这些固有的思维习惯可以帮助他们在生活和学习中提高效率，却也会阻碍他们迈出创新的步伐。由此可见，孩子的创造力需要从小就开始培养。那么，父母都应该注意哪些方面的问题呢？

1. 对孩子的好奇心加以鼓励。

孩子的心理活动是非常活跃、活泼的，他们对陌生事物的探知欲望非常强烈。他们不断地用身体的各个感官去探索周围的一切事物，并从中积累宝贵的经验，借此发展自己的逻辑思维能力，提高自己的创造力。

对于一些低龄孩子来说，父母总是习惯于对他们照顾过多或担心过多，从而限制了他们创造力的发展。其实父母的过度保护是没有必要的，孩子磕磕绊绊总是难免的，多让孩子去体验、去创造，他们才能从中取得经验，获得自己的见解。

因此，父母不应该以成人的眼光去看待孩子的行为，更不应加以限制和斥责，而应该给予他们鼓励，这样他们才更愿意继续探索。父母多对孩子进行鼓励，会让他们充满自信心。如果父母一味指责孩子，只会让他们放弃这些充满乐趣的活动，也就错过了提高创造力的机会。

2. 注意发现孩子的创造力萌芽。

父母要从孩子小时候就培养他们的创造力，要学会把握良机，也就是要注意发现孩子的创造力萌芽。一位儿童教育家说："孩子的本性中潜藏着强烈的创造欲望，只要我们在教育中注意诱导，并放手让孩子实践探索，就能将其培养成创造能力强、符合时代要求的人才。"父母要关注和保护孩子最原始的创造意识，并给予他们支持，这样才能够让孩子的创造力得到发展。

3. 学会适当放手。

有很多孩子之所以不够独立、创造力不强，是因为他们太过于依赖父母。每当遇到什么问题时，他们总习惯于去请教父母，而父母也会亲力亲为，直接告诉他们一个标准答案，或找到正确答案再告知孩子。其实，这样的做法在一定程度上也会阻碍孩子的创造力发展。父母应当学会适当放手，鼓励孩子自己去寻找答案，并教会他们认真观察、主动思考，通过发散性思维找到问题的不同答案。这样孩子才能渐渐养成独立解决问题的习惯，而且他们的创新思维和创造力也能够从中得到锻炼。

父母有问必答，孩子可能失去探究心

皓皓今年上小学二年级，妈妈是一家医院的护士，爸爸在外企上班，他们的工作都很忙，平时很少有时间陪孩子玩。

入春之后的一个周末，皓皓的学校放假，他想让爸爸妈妈陪他到广场放风筝，可是爸爸的单位要加班，妈妈倒是有半天的假，她答应带皓皓出去玩。

下午，他们走在去广场的路上，皓皓发现道路两旁的树都开花了，就忍不住喊道："妈妈，您知道这是什么树吗？它们开的花真漂亮！"

皓皓的妈妈抬头看去，回答说："知道啊！这是玉兰树呀，开的花就叫白玉兰。"

皓皓听了，点了点头，视线落到了不远处的广场上。

这个时候正是放风筝的好季节，广场外围的摊位上摆放着一排排风

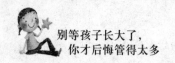
等，正在等待出售，它们造型各异，有各种可爱的小动物，也有许多深受孩子们欢迎的卡通人物，应有尽有。广场上已经有不少人在放风筝，其中，有几个风筝飞得特别高，几乎变成了一个黑点，也有的风筝一直在低空盘旋，飞不了多久就掉回到地面上。

皓皓问："妈妈，您知道吗？风筝不是飞机，没有动力，为什么能飞上天去呢？"

妈妈回答说："很简单啊，因为在我们周围有风，是风带动的气流把风筝托了起来。"

皓皓又问："可是没有风的时候，风筝为什么也能飞上天呢？"

妈妈笑了："这更简单啊，在没有风的时候，人们会拽着风筝线向前跑，在跑的过程中，气流就会流动起来，也就和有风的效果一样了呀！"

皓皓听了妈妈的话，"哦"了一声，没有再问别的问题。

又看了一会儿，皓皓说："妈妈，咱们也买个风筝吧，我想试一试。"

妈妈看了看表，说："儿子，妈妈还有一堆衣服没洗呢，晚上还要去接班，咱们回家吧！"

皓皓有些沮丧，但他没再坚持，跟着妈妈回家了。

孩子在生活中总会遇到各种各样的问题，比如，为什么水会结冰，冰又会化成水；为什么冬天的玻璃上会出现霜花；为什么同样的两盆花，分别摆放在卧室里和阳台上，叶子的颜色会不一样，等等。这些都是孩子对事物具有好奇心的表现，这个时候，他们往往会第一时间向父母提出疑问。有些父母因为知识有限或不耐烦会回答孩子说"不知道"，也有很多父母为了节省时间，会直接将正确答案告诉孩子，就像皓皓的妈妈一样，面对皓皓提出的三个问题，她都很快做出了解答。

相比那些对孩子的问题一概敷衍说"不知道"的父母，皓皓妈妈的回答看似很及时，但实际上，这种不假思索给出正确答案的做法未必是好事。因为这样一来，孩子就失去了自己去探究答案的机会和动力，渐渐地，孩子对事物的好奇心也会慢慢减少。因此，越是"无所不知"的父母，教育出的孩子就越容易缺乏好奇心。发明家爱迪生曾说过："谁丧失了好奇心，谁就丧失了最起码的创造力。"的确，如果孩子对周围的事物都漠不关心，自然也就不会主动去发现问题，更不用说具备创造力了。

一位美国学者曾这样形容好奇心的重要性——通往创造性的第一步就是好奇心和兴趣的培养。的确，好奇心是孩子学习的动力，孩子对各种事物的好奇心越强烈，就越具有探索的动力。爱迪生小时候就对身边的事物非常好奇。一天，他看到一只母鸡正在孵蛋，为了弄个明白，他也蹲在鸡窝里，想要孵出小鸡。成名后的爱迪生说，自己之所以能获得成功，就在于狂热的好奇心和探索欲望。可见，父母对孩子好奇心的培养是非常重要的。

因此，当孩子遇到疑问向父母求助时，父母尽量不要直接给予解答，而要想办法引导孩子自己去寻找正确答案。当孩子通过努力得出答案时，成功的喜悦能够让他更加自信，也更有动力去解决以后将要面对的难题。那么，当孩子向父母提出疑问时，父母该怎么办？这里有两点建议可供参考。

1. 父母要敢于说"不知道"。

很多父母在面对孩子提出的难题时，出于维护家长尊严的考虑，即使自己不知道，也不愿承认，甚至有的人会编造出答案来应付孩子。其实这样做是没有必要的。作为父母，对于自己无法解答的问题，要敢于向孩子说"不知道"，并鼓励孩子通过自己的努力去寻找答案，这样才能够更好地培养孩

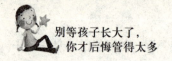
子的好奇心。

2. 父母回答孩子的问题时要有启发性。

朵朵是一个小学三年级的女孩，一天，她问妈妈："如果把黄色和蓝色放在一起，会变成什么颜色呢？"

妈妈笑着说："妈妈也不知道，咱们一起来试一试吧！"

于是，母女俩到超市买了一套颜料和一包一次性纸杯。回到家之后，朵朵迫不及待地打开颜料，开始实验。她先在杯子里倒入了一些黄色颜料，又添进去一些蓝色颜料，当看到杯子里面的颜料慢慢变绿时，朵朵高兴地跳了起来："妈妈，原来黄色和蓝色混在一起，会变成绿色呀！"

妈妈笑眯眯地望着她，点了点头。

经过将近半个小时的实验，朵朵还得出了两个结论：红色和蓝色混合会变成紫色，而红色和黄色混合会变成橙色。

当孩子带着问题去请教父母时，父母的回答要带有启发性。就像上文中的朵朵母女一样，通过做实验得出正确的结论，这样才能够更好地激发孩子的探究心，使孩子的求知欲越来越强烈。

父母约束过多，孩子难有创新

轩轩是一个活泼可爱的小学三年级男生，他对周围的事物总是充满了好奇心。对于很多问题他都想"打破砂锅问到底"，妈妈却经常对他说："别老想那些没用的，你现在的任务是好好学习，只有考上大学你才能有出息。"

有一次，在放学的路上，他看到一只断成两截的蚯蚓，于是好奇地问妈妈："妈妈，我听说蚯蚓断成两截还能活，是真的吗？"

妈妈说："可能是吧。"

轩轩想了想说："我要把它们拿回去，看看它们是不是真的这么厉害。"说完，他就蹲下身子将两截还在蠕动的蚯蚓捡到了手心里。

妈妈马上生气地说："你看看这蚯蚓多脏啊！快点扔了，你怎么能这么不讲卫生呢？"

轩轩噘着嘴，没说话，也没按照妈妈说的做。妈妈一把将他手里的两截蚯蚓拍掉，就拉着他的手离开了。

还有一次，妈妈到省城的生态园旅游，带回来一盆小雏菊，她非常喜欢这盆花，把它放在了阳台的花架上。

小雏菊开得正好，绿油油的叶子显得那么朝气蓬勃，更美的是那两

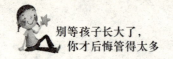
朵绽开的菊花，粉嫩娇艳，让人看了心旷神怡。放学回家的轩轩看到了
这盆花，非常感兴趣，他找来一把剪刀将花枝剪了下来，把它们埋在了
小区后面的泥土中。还没等他埋好，身后就响起了妈妈气冲冲的声音：
"轩轩，我刚买了一盆花，一顿饭还没做完，花就不见了，是不是你
干的？"

话音刚落，妈妈就走到跟前，正巧看到露出泥土一截花枝，立刻
气不打一处来："好啊，我刚买回来，就开了两朵花，都被你给揪下来
了，你到底想干什么？！"

轩轩吓哭了，他说："妈妈，我只是想看看它们在泥土里能长成什
么样子。"

妈妈不听他辩解，又将他狠狠骂了一顿。

很多孩子都像轩轩一样，他们除了喜欢提各种问题，还非常好动。比
如，有的孩子不喜欢走笔直平坦的道路，只想在弯弯曲曲、高低不平的路上
体验，有时还喜欢踩水坑、玩泥巴，以至于弄脏了身上的衣服。还有的孩
子喜欢关注课堂以外的事物，对大自然中的各种现象充满好奇，想一探究
竟……这些行为都是孩子的好奇心引起的。

孩子的好奇心就如同一颗种子，如果父母精心培育它、浇灌它，它就会
开出美丽的花朵；如果父母一味地压抑它，它就会因为得不到阳光和雨露而
最终凋零。

曾有一位母亲向教育家陶行知抱怨，说自己的孩子特别淘气，把自
己刚买的金表给拆坏了，还弄丢了零件，她为此还打了孩子一顿。陶行
知先生听了，说："真是可惜，你这么一打，就断送了一个中国的爱迪

生呀！"

从上文的事例中我们可以知道，父母以自己的思维约束孩子的行为是不应该的。事实上，有很多父母并不能站在孩子的角度去理解他们的好奇心。就像轩轩的妈妈一样，在她的眼里，轩轩手里拿着两截蚯蚓是非常不卫生的，而轩轩将花枝剪掉是淘气的行为。她认为，轩轩最应该关注的是学习，只有这样才不会走弯路，才能拥有光明的前途。因此，她总在用自己的思维模式约束孩子，却没有意识到其中的问题。像轩轩妈妈这样的家长还有很多，他们用各种约束来表达自己对孩子的爱，不准玩剪刀、不准插手家务、考试要努力进入前三名，等等。其实，这样的做法很容易使孩子形成思维定式，遇事不懂创新，不善于思考问题，甚至养成逆来顺受的性格。而在孩子进入了青春期之后，父母的种种约束又极易引起他们的逆反心理，严重的还会使亲子关系受到伤害。

那么，父母该如何做才能避免以成人的思维约束孩子的好奇心呢？下面有几点建议可供参考。

1. 要做乐观的父母，信任孩子的能力。

很多父母尽管非常爱自己的孩子，却对孩子的许多行为持消极态度。比如，总是害怕孩子磕着碰着，对孩子的冒险行为担心不已，不信任孩子的能力等，所以他们会想办法阻止孩子，其实他们的这种做法只能使孩子觉得扫兴。因此，父母应当信任孩子的能力，在他们想要尝试一些活动的时候，及时给予支持与鼓励。

2. 正确对待孩子因好奇导致的破坏行为。

陈景润是我国著名的数学家，他的儿子名叫陈由伟，从小就是一个

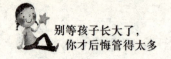
好奇心很强的孩子。

一天，小由伟趁父母不注意，将妈妈新买的一个很昂贵的玩具拆坏了，妈妈很生气，这时候，陈景润回来了。当他了解了事情的经过后，对夫人说："儿子好奇心强是一件好事呀！他能拆开玩具证明他有求知欲望，我们应当支持他才对。"听了他的话，夫人也转变了自己的想法。

陈景润的教子理念值得所有父母学习。由于孩子年龄小，好奇心也很强，他们往往会做出一些破坏行为，对此，父母应正确处理。比如，孩子想要拆一件玩具，父母应提前告诉孩子，拆完后一定要重新装好。当孩子不小心把玩具拆坏时，父母应当首先对孩子的探究心表示欣赏，然后告诉孩子玩具的构造和拆装方法，最后可以和孩子一同把玩具装好。

3. 不要将孩子束缚在教室里和课本中。

有不少父母将教育与学习混为一谈，在他们看来，没有什么比学知识更重要了。他们除了督促孩子完成作业，还经常让他们做一些模拟题、测验题，无形中增加了孩子的压力。时间久了，孩子的好奇心就会慢慢消失。因此，父母不能将孩子束缚在教室里和课本中，应该还给他们属于自己的时间，让他们去发现和研究自己更感兴趣的事物。

封闭性问题 "封印" 孩子的想象力

可可的妈妈发现女儿的想象力非常有限，即使在她的引导下，也没有太好的表现。

孩子们在玩耍的时候，总是喜欢玩花草或者沙子之类的东西。一天，可可捡了好多的树叶，妈妈就围绕树叶问了她一些问题。

妈妈："树叶是不是绿色的呀？"

可可："是的。"

妈妈："树叶是不是杨树上的呢？"

可可："是的。"

妈妈："你知道树叶是在春天长出来的吗？"

可可："知道。"

……

可可的回答每次都是非常简单的，妈妈在抱怨她语言能力差、想象力差之余，也没有什么好办法。

真的是孩子的问题吗？可可妈妈的问题全是用 "是" 或 "不是" 就可以回答的选择题。孩子的回答并没有错，错误的是可可妈妈提问的方式。她的

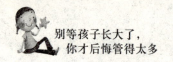
这些问题都是封闭性的，限制了孩子的想象力的发展。

教育家陶行知说："智者问得巧，愚者问得笨。"好的提问不仅可以激发孩子的兴趣，更能促进孩子想象力的提升。

如果要让孩子的想象力得到充分的发展，家长就需要注意更多地提出开放性问题。所谓开放性问题，就是没有现成的答案，或者说答案并不是唯一的。家长问孩子："冬天是什么样子的？"诸如此类的问题都属于开放性问题。

面对这样的问题，孩子就需要尽可能多地思考，去设想所有可能的情况。这样的提问就会激发孩子的发散思维，他必须考虑得更多、更全面，他的想象力甚至是创造力就会得到相应的锻炼。

不过，开放性问题也不是随便问的，家长在向孩子提开放性问题的时候要注意以下几点：

1. 不要设定标准答案。

既然是开放性问题，答案有着不唯一性，那么我们对孩子的回答就要持宽容的态度。也许孩子的答案并不是我们想听的，但家长也要避免刚听到就否定孩子的回答。对孩子的回答，家长要避免"挑三拣四"，适当引导才是正确的做法。

家长在向孩子提问开放性问题的时候，要摒弃有标准答案的念头。要给孩子充分发挥想象的空间，说不定孩子最终说出的答案会比标准答案更加精彩。

在四年级的语文课本中有一篇名为《麻雀》的课文。讲完课文之后，老师向同学们提问："文中老麻雀的行为表现了什么精神呢？"

很多同学脱口而出："表现了伟大的母爱。"这也是标准答案。

只有一个同学指出："课文中没有说这只麻雀是母的啊，怎么能说一定是母爱呢？"

老师充分肯定了这名同学的疑问，然后大家一起努力，将最终的答案确定为"表现了伟大的亲子之爱"。

这个答案显然是比教科书中的标准答案更加合适的答案。这名老师的正确之处在于鼓励学生发表自己的看法，没有一味地遵循标准答案，最后和学生一起使答案更加完善。

家长或者老师对孩子的开放式提问，最终目的是要帮孩子开拓思维，帮他们提高思考能力，因此，不可为了得到所谓的标准答案而扼杀了孩子的想象力。

2．掌握适度原则。

家长所提问题的难易程度要科学适度，符合孩子的认知水平，既不能让孩子望而生畏，也不能轻易就能回答出来。家长的问题要让孩子感到"跳一跳，摘得到"，从而激发孩子的学习兴趣。同时也要注意恰到好处地掌握提问的频率。

如家长对一个小学二年级学生提问："你会怎样把六个苹果分给家人？"因为每个家庭的成员数并不相同，这就意味着，除数是不确定的，这体现了一种开放性。

但是，这个家长却忽视了不确定的开放性，那就是分苹果的时候，每个家庭成员分得的苹果数可以一样，也可以不一样。

家长可以先假设一个人数，然后再提问：现在有六个苹果，请你分给我们家的三个人，你会怎么分？这样，问题就变为半开放性的了。

然后家长可将每份分得一样多的分法与每份分得不一样多的分法进行对

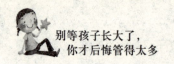
比，引出主题，对"平均分配"的学习也就水到渠成了。

家长在向孩子提问开放性问题的时候，除了最基本的少问"是不是""对不对"等选择性问题之外，还要掌握一定的技巧。

有教育专家对提问技巧进行了精练的总结，提炼出了精辟的"十字诀"：

假：提问时多以"假如""如果"等词开始，有利于引导孩子去积极思考。

例：要求孩子在回答问题时多举例子。

比：就是比较，指让孩子学会在回答问题的时候将两件事物放在一起进行比较。

替：就是替换或者替代，在给出答案之后继续引导孩子寻求替代的办法。

除：让孩子思考事情的多面性，除此以外是否还会有其他的情况。

可：要求孩子在回答的时候要全面，尽量将一切可能都考虑进来。

想：调动孩子的大脑，想象各种情况。

组：就是组合，让孩子学会运用组合方式去思考。

六：就是孩子思考事情时的六要素，即何人、何时、何地、何事、为何、如何。

类：就是让孩子对各种可能性进行类推。

在向孩子提问时，家长可以以这个"十字诀"为参考，充分地调动孩子的想象力。家长也可以根据自己的总结选择更加有针对性的开放性提问的办法，帮助孩子提升想象力。

总之，每个孩子都有着无穷的潜力和可塑性，家长只要放开手脚，给孩子正确的引导，就能让孩子的想象力得到充分的发展。

3. 让孩子在探索中激发潜能。

因为爸爸调动工作，牙牙一家这周末要搬家去另一个城市生活。

"这里还有一个箱子，快来搬。"妈妈提前一周就把需要搬运的东西装进了箱子里，这时候，一家人正奋力把东西往运输车上搬。

"牙牙，帮忙搬过来。"爸爸手里正抱着两个箱子，没法过去拿，就让牙牙帮忙拿一下。牙牙一听，往后退了两步，对爸爸喊道："不要啦，我肯定搬不动，爸爸快来帮我搬。"

这时候，妈妈抱着一个大纸箱走到牙牙身边，对他说："儿子，你看妈妈都能搬动这么大的箱子，那个小箱子你一定搬得动的。"

但牙牙还是有些不愿意，只伸手碰了碰脚边的纸箱子便又缩了回去，对妈妈摇了摇头说："搬不动的，对我来说，这个箱子太大了，妈妈帮我吧。"

"你试过了吗？"爸爸走过来，甩了甩手臂说道："爸爸还要搬更大的箱子去，你不是常说要帮爸爸妈妈做事吗？要相信自己，人的潜能可是无限大的。"

"可是……"牙牙还是有些犹豫，很难相信自己有这么大的力气，把这个装满东西的沉甸甸的箱子搬起来。

"你觉得爸爸天生就这么大力气吗？其实爸爸在搬那些大箱子的时候，也怀疑过自己的能力，但是我觉得只要自己努力一下下，就能发挥出更大的能力，所以'嗨哟'一下子，就把箱子举起来了。儿子，你也要学会相信自己的能力，没准，你还是超能力者呢。咱们一起来试试，

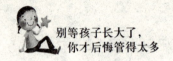
看看到底能不能变得更有力气，把这个箱子搬起来，好吗？"

爸爸认为如果在这个时候向牙牙妥协，不让他搬这个箱子，牙牙在以后的成长过程中，很可能会因为质疑自己的能力而放弃更多的发展机会，所以他坚持要让牙牙把这个箱子搬起来。

爸爸首先弯下腰试了试箱子的重量，对他来说，很轻，对牙牙来说，可能重了一点，但还不到搬不动的程度，所以他又把箱子放在了地上，说："牙牙，来，就像爸爸刚才那样，轻轻地把它搬起来。当你把箱子搬起来的时候，就会发现，其实它很轻的，完全不像你想象中那么重。"

"真的吗？"牙牙还有些担心，但眼睛里已经没有了刚才的害怕，倒显得有些兴奋，有些跃跃欲试。

"当然是真的，爸爸妈妈一直相信你是个能干的孩子，难道你自己不相信自己？"妈妈走过来鼓励道。

"我当然是个能干的孩子。"牙牙此时已经完全没有疑虑了，深吸一口气，毫不犹豫地弯下腰抱住了脚边的箱子。

"啊……呀！"牙牙闷闷地喊出声来，小脸憋得通红，吃力地把箱子抱了起来。

"嘿嘿，爸爸妈妈，看来我的力气也很大嘛。"

"当然，我们儿子最能干了。"爸爸夸奖着他，欣慰地看着牙牙把箱子搬到了货车旁。

从此以后，牙牙就爱上了搬东西，总是不停地和爸爸妈妈比谁的力气大，还发誓要做一名大力士。不过，在练力气的过程中，牙牙也学到了很多有趣的知识，比如怎么搬东西最省力，如何放东西最节约空间等。

事例中，牙牙的父母让牙牙知道，人的能力都是一点点增长的，只要努力，就能取得超越以往的成绩。牙牙在努力的过程中，不仅发掘了自己的潜能，还找到了自己喜欢做的事情，并从中学到了很多有用的知识，可谓是一举三得。

第六章 不做"守护"父母，
让孩子在劳动中"创收"

陪孩子一起劳动，让孩子拥有商业意识

小蕊和爸爸妈妈一块去公园玩。玩了一会儿，小蕊口渴了，就对妈妈说："妈妈，我去买水喝吧。"

"好啊，帮爸爸妈妈也买一瓶。"妈妈把钱递到小蕊手里，微笑着说道。

小蕊点点头就跑开了，不一会儿，拎着一个袋子跑了回来。

"爸爸妈妈，我买了果汁和矿泉水，想喝哪种你们自己拿哦。"小蕊撑开袋子为自己拿出了一瓶矿泉水，咕咚咕咚没一会儿，就把一整瓶喝完了。

妈妈笑道："喝个水都这么急，又没人和你抢。"

"我是真的口渴了嘛。"小蕊无辜地看向妈妈，跑过去把手里的空瓶扔进了垃圾箱。

"哎，等等。"妈妈伸手去拦，还是晚了一步，只好叹着气跑到垃圾箱旁，把瓶子捡了出来。

"妈妈，你要空瓶子做什么？又不能用了。"小蕊好奇地问。

这时候，爸爸也把喝光的空瓶子交给了妈妈，对小蕊说："谁说没用了？"

"有什么用？废物利用吗？"小蕊拿过妈妈捡起的空瓶子，仔细地

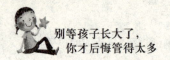
研究了半天，也不知道它能做出什么有用的好东西来，可看爸爸妈妈的样子，貌似确实很有用处一样，她不由得困惑起来。

还是爸爸解开了她的疑惑，对她说："你可别小看这样的一个瓶子，积攒得多了，能卖不少钱呢。"

"哦……原来是卖钱用啊。"小蕊这才明白过来，原来爸爸妈妈把旧瓶子收集起来，是准备卖钱的。

见女儿似乎不太在意，妈妈强调道："这叫商业头脑，也叫商业意识。我们要学会在别人看不到的地方找到商机。"

在上面的事例中，小蕊没有意识到旧瓶子也能赚到钱，因而感到困惑：为什么爸爸妈妈要把扔掉的瓶子再捡回来呢？相信在现实生活中，也有不少孩子产生过这种疑惑，不明白为什么会有那么多人热衷于"翻垃圾"这一活动。孩子们看到的往往是垃圾箱的脏，而没有看到其中的商机。

不知道大家还记不记得早先有一部轰动一时的电视剧，叫作《人在纽约》？在电视剧中，搬家费用是很贵的，所以很多人搬家的时候会把一些旧物品整理出来，能卖的就以二手价卖出去，不能卖的，就直接扔到了垃圾桶附近。而很多收入较低的人，就会赶在有人搬家的时候，去买或者是捡这些物品。

而且在国外，有很多家庭会在圣诞节和新年等节日前在家里进行大扫除，这不仅仅是为了除旧迎新，同时也是为了培养孩子的商业意识。在这段时间里，父母会让孩子们把用旧的和不用的物品收集起来，然后把还有用处的东西摆摊卖出去。通常情况下，这些事情都是孩子们一手操办的。

可能一些父母会问，到底什么才是商业意识呢？让孩子有赚钱的想法就行了吗？事实并非如此。商业意识并不是这么简单，它是指一种能够贯彻于商业诸多环节中的思维方法，也可以说是一种超前的意识，通过利用现有的商业知识和信息，来展望未来。这需要父母在适当的时机开始培养孩子的洞察力和反应能力，并在有所反应后采取正确的行动。

洞察力，简单来说就是学会观察。不仅是观察事物本身，还应让孩子学会发散思维，从事物表面的一些现象出发推理出有用的信息。比如，一件商品的包装突然换了，如果是比以前更精致了，那可能说明这家公司要扩大发展了；如果是包装突然之间变差了，质量也大不如前，那有可能这家公司遇到了资金问题。做出以上判断后，再辅以更多的信息，就可以帮助家庭在物品采购、理财安排等方面做出预先调整。

收集信息，锻炼孩子的商业敏感性

爸爸和儿子一起看电视，有一个节目，是讲一位名人如何从穷小子变成大富翁的。

节目里说，这位名人一开始只是在报纸上看到了一条信息，他从这条信息里，发现了商机，并一步步付诸行动，付出了很大的努力，最终取得了成功。

儿子看完后，十分惊讶，对爸爸说："爸爸，这个人好厉害，别人都没有发现的机会，被他抓住了。"

爸爸点头回答道："对啊，这是因为他时刻都在关注着各种信息，从这些信息中，找出有用的东西并加以利用，才获得了成功。"

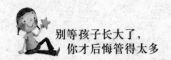

"信息真的有这么重要？"儿子歪着头看向爸爸，似乎不太明白这里面的道理。爸爸对他说："当然很重要。如果我们不去关注信息，怎么可能知道外面的世界都发生了什么事情。就拿天气预报来说吧，如果今天天气预报说从明天开始要连下一个星期的雨，那么你会想到什么？"

"嗯……"儿子认真地思考了起来，过了一会儿，才回答道："上学的时候一定要穿厚点，带好雨伞。"

"但是有些人看到的却是钱。"爸爸说。

"钱？"儿子有些吃惊。

爸爸告诉他："对啊，下雨的话，行车会很不方便，所以蔬菜的运输会受影响，价格有可能上涨。所以在提前得知天气有变的时候，有些人就开始倒卖蔬菜赚钱了。下雨天出门要打伞，有些人则想到不可能人人都会备好伞出门，所以就开始囤雨伞，准备销售。"

"原来是这样，我怎么都没想到啊。"儿子懊恼地轻轻拍了拍自己的头。爸爸笑道："这就是信息告诉我们的东西，所以，有时间的时候，多收集信息，有利而无害。"

"爸爸，我懂了！从明天……不，从今天开始，我就开始留意各种信息，每一条都不会放过的。嘿嘿……"儿子咧嘴笑道。

曾有人说过："成功，百分之九十取决于可靠的信息。"可见信息在商业活动中的重要地位。而且很多现实的例子也说明了及时、准确、完整地掌握信息，是多么重要的事情。

了解信息，前提是收集信息，乍听之下可能一点用处都没有的信息，回味几遍，没准就是你需要的那一条商业信息。而且，信息的收集也能有效锻炼孩子的商业敏感性，让孩子在成长的过程中，能及时洞察事情发生的变化。

那么，父母在平时应该教育孩子从哪些方面收集信息呢？

1. 从交谈中获取信息。

在和身边的人聊天的时候，我们可能常常会有这种想法：啊！原来还有这么多就发生在我身边的事情我竟然不知道啊。有时候，自己左思右想都想不明白的问题，在和朋友或家人聊天之后，却豁然开朗，突然明白自己要怎么做了。这就是你在和他人聊天的时候，"捕获"了有用的信息。

所以说，要想更快、更全地收集到信息，和他人交谈是再好不过的方法了。不过毕竟"口说无凭"，交谈中获得的信息并非百分百可信，父母还应教给孩子鉴别有用、无用信息的方法。

2. 通过报纸、新闻和网络获取信息。

美国"罐头大王"亚默尔，就是凭借着偶然从报纸上看到的一条信息，而赚取了九百万美元的高额财富。1985年的4月，亚默尔在报纸上看到一条信息："据传墨西哥畜牧群发现了一种奇特的病毒，当地有关专家怀疑这可能导致一场传染性极强的瘟疫。"

虽然这条信息看起来还不是那么确切，但亚默尔马上意识到，如果这条信息是真的，那么瘟疫一旦传到与墨西哥相邻的美国南部区域时，美国政府肯定会禁止南部的加利福尼亚州和得克萨斯州向全美输送肉食，而这两个州偏偏是美国最主要的畜牧区，如果真的禁运，那么美国的肉食供应肯定会出现短缺。

亚默尔运用一切手段，确认了这条新闻的可靠度，当收到确切信息后，他马上着手准备，将大量的肉食囤积在了安全地域。

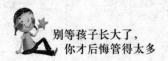

就这样，九百万美元被轻松收入了亚默尔的腰包。

上面例子中的亚默尔，仅仅是在报纸上看到了一条不太可靠的信息就发现了商机，大家是不是觉得很不可思议？但事实就是如此，在日常生活中很常见的报纸刊载了大量的信息，在这些信息中，没准就有一个商机在等着你。

父母可以从教孩子阅读报纸开始，让孩子先学会了解信息，再慢慢地学会对收集到的信息进行分析，并做出优劣判断，择优选用。

当然，除了了解身边的信息，父母还要教孩子知己。要让孩子知道自己需要的是什么，哪些信息对自己是有用的，而不是盲目相信收集到的信息。

让孩子在家也能体会赚钱的辛苦

小路问妈妈："妈妈，怎么做才能有钱花呢？"

妈妈微笑着回答她："当然是去挣钱啦。"

"挣钱啊……"小路想了想，高兴地回答道，"那就是把自己的东西卖出去换钱呗，我也会！"说完，她就一溜烟跑回了房间。

妈妈很好奇她要做什么，便跟着她进了房间。只见小路在房间里跑来跑去，不停地翻找着什么东西，不一会儿，床上就摆了一大堆花花绿绿的东西，有毛绒玩具，也有一些故事书和衣服。

妈妈问："你在做什么？"

小路兴冲冲地指着床上的东西，对妈妈说："我要把这些东西全卖掉。"

"把这些全卖掉？"妈妈吃了一惊，又仔细地看了看床上摆着的东西，玩具和故事书也就算了，那些衣服中，有一些可是不久前才买回来的。

见小路用力地点点头，妈妈赶紧说："你想挣钱是件好事情，但是方法有很多，不是只有卖东西一个方法啊。"

"是吗？"小路歪着头问。

妈妈点点头，指着一件新衣服说道："这件衣服是你最喜欢的，你舍得卖掉吗？而且你卖掉了，妈妈还得再给你买衣服，挣不到钱，反倒赔钱了呢。"

"那怎么办？挣钱还有什么其他的方法呢？"小路可怜巴巴地看向妈妈。妈妈微笑着摸摸她的头，说道："有很多种啊。比如，你可以帮妈妈洗碗、扫地，用做家务活的方法挣钱啊。你还可以帮别人做事情，用自己的劳动去换取金钱。"

"妈妈，我懂了，那我今天就帮妈妈洗碗，好不好？"小路高兴地说。

相信很多家长都试过让孩子通过自己的劳动换取零花钱的方法。没错，让孩子用做家务的方法来获得报酬，是再好不过的挣钱方法了。

摩根财团的创始人老摩根就要求自己的孩子每个月以做家务的方式来获取自己的零花钱。虽然一些人并不赞同父母用这种方式教会孩子挣钱的道理，但让孩子在劳动中获取钱财，能更好地让孩子体会到赚钱的辛苦，并且能让孩子及早明白有付出才有收获的道理。

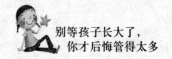
因此，父母完全可以使用老摩根教育孩子的这种方式，让孩子为自己挣一些零花钱。那么，哪些家务活适合孩子来做呢？家长们一起来了解一下吧。

1. 洗刷餐具。

现在的孩子很多都是娇生惯养的，父母因为担心孩子在劳动的时候会受伤、受苦，便阻止孩子参加一切家务劳动。父母的这种娇纵态度使孩子越来越像"小皇帝""小公主"，惰性大增，再加上做家务对自己没有任何好处，孩子便对家务劳动越来越敬而远之，尤其是厨房里需要碰水的家务。

父母可以设立一个奖励制度，让孩子多接触厨房里的劳动，如刷碗、洗菜等。这些家务既简单又没有危险，父母可以放心让孩子来做。当孩子完成任务后，父母可以根据奖励制度，对孩子进行一定的金钱奖励，具体奖励多少，因人而异，以父母觉得不过分，孩子觉得能接受为宜。

另外，在孩子洗刷餐具的过程中，难免会出现一些小意外，比如不小心把碗摔碎了。这时候，父母不要急着批评孩子，这会打击孩子好不容易建立起来的积极性，而应当指出一些注意事项。

2. 拖地、打扫卫生。

在国外，对孩子进行的理财教育更被视为是一种生活教育，是让孩子体会生活艰辛的一种教育。国外的父母认为，如果不去自己挣钱，孩子永远不会真正体会到赚钱有多辛苦。

像上面洗碗、洗菜的家务活比较适合恬静的女孩子，如果让男孩子来做这些事情，估计要不然厨房就变成水房，要不然没几天父母就得为家里添置新碗筷了。

男孩子力气大，可以根据这一特点，让他们做些更合适的工作来赚取零花钱，比如拖地和打扫卫生。

通过对房间进行扫除，让孩子在流下辛勤的汗水之时，深刻地体会到工作是多么辛苦的一件事，而父母每天在外工作完，回家还要进行这些家务劳动，更是苦上加苦。这样就会唤起孩子对父母的感激之情，帮助孩子了解工作的深刻意义和价值。

3．收集废品。

如果父母认为做家务活是孩子应尽的责任和义务，那么可以教孩子"另谋出路"。收集废品就是一项不错的赚钱方法。

父母可以把家里用过的旧物品交给孩子打理，教孩子学会分类和整理，能继续使用的可以卖给需要的人，不能继续使用的哪些能当废品卖掉，哪些能再利用，哪些是完全报废，连卖都卖不掉的。父母可以把这些知识教给孩子，然后教孩子从中谋利。

成功父母支持孩子搞"创业"

秦宝是个有爱心又有责任感的好孩子，别看年纪小，办起事来一点也不比大人们含糊，在小区里受到了大家的好评和信任。人们经常把一些鸡毛蒜皮的小事交给秦宝，让他帮大家处理一下。

当然，这些事情一般都很容易解决，比如照顾李家的孩子、寻找赵家的宠物等。

有一天，秦宝和爸爸妈妈在家里看电视，新闻里播放了一条比较有

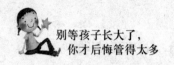
趣的消息，说是一个人在小区里开办了一个"万事屋"，帮小区里的住户们解决一些困难，像是换个灯泡、照顾下孩子之类的事情，和秦宝正在做的事情还挺像。

妈妈就开玩笑说道："我看小宝你也去开一个这样的公司好了，又能帮助人，又能挣钱。"

爸爸也点头附和道："我看行。小宝，怎么样，自己当老板赚钱？"

"不行，不行，爸爸妈妈别取笑我了。"秦宝连连摇头，脸都变得通红了。

这个时候，刚好有邻居来请秦宝帮忙遛狗，听到他们的谈话后，马上爽朗地笑道："这个主意不错。我们一直找小宝帮忙，也不知道怎么回报，这个方法不错，就当给小宝一些零花钱嘛。"

爸爸妈妈又帮秦宝琢磨了一下，觉得这还真是个可行的方案，能让他及早接触商业上的一些东西，也是件好事。

"那爸爸当老板，我帮爸爸打工好不好？"秦宝还是有些犹豫，自己当老板什么的，他从没想过。

"爸爸妈妈有自己的工作啊，而且这不是你喜欢做的事情吗？自己当老板，还可以找你的小伙伴一起帮助小区里的邻居们，大家又能挣到零花钱，何乐而不为呢？"爸爸鼓励道。

秦宝听了爸爸的话后，若有所思地低下了头，不一会儿，他像是想通了，高兴地抬起头，对爸爸妈妈说："爸爸妈妈，我想试一试。"

"这才对嘛，初期的成本，爸爸帮你出！"爸爸高兴地把秦宝举过了头顶，父子俩欢乐地玩耍了起来。

让孩子自己创业当老板，听起来很荒唐，却是培养孩子"财商"极好的方法。当然，我们在乎的并不是孩子到底能挣到多少钱，而是想利用这个方法，让孩子在成长的过程中学会如何理财。

有些孩子平常不太爱说话，父母也可以用这种方法来锻炼孩子的勇气和胆量。在大庭广众下卖东西，就要和人交流，而且更多的是和陌生人说话，这对孩子来说是个大挑战，实施起来，一定很有意思。

让孩子自己当老板，既能锻炼孩子的能力，又能让孩子学会感恩来自父母及身边人的照顾，对孩子的成长很有帮助。

有份报纸上曾发表过这样一篇报道，一位八岁的孩子为照顾生病的父母，当起自家小店的"小老板"，帮助父母买货，挣钱养家。

李先生一家本来生活得和和美美，在小区里开了家小卖部，可说是吃穿不愁。但有一天，李先生和李太太先后患病，双双卧倒在床，这可愁坏了一家人。治病需要钱，生活也需要钱，可现在他们卧床难起，小卖部没人照应，以后生活可怎么办啊。

就在这个时候，李先生八岁的儿子"挺身而出"，对李先生说："爸爸，我来看店。"

就这样，李先生的儿子当起了"小老板"，在亲戚朋友的帮助下，把小卖部经营得很好，不仅帮爸爸妈妈治好了病，还学了一身的本领。

事例中李先生的儿子因为家庭遭遇变故而不得不"亲自上阵"，在现实生活中，家里也开着店面的父母不妨也学习一下，找个机会，让孩子也体会一下"当家做主"，当"小老板"的感受。没准那时候你会发现，原本什么都不会的孩子，竟然有这么大的本事。

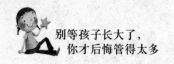
让孩子出门打个工

　　小莲是个勤快的孩子，经常帮爸爸妈妈做一些力所能及的家务活。爸爸妈妈为了表扬她，就对她说："作为奖励，爸爸妈妈给你点零花钱好了。"

　　"谢谢爸爸妈妈。"头几次，小莲都收下了爸爸妈妈给的零花钱，不过慢慢地，她就高兴不起来了，噘着嘴对爸爸妈妈说："老师说，帮助父母干活是孩子应该做的事情，爸爸妈妈总给我钱，就好像我是咱们家雇佣的工人一样。爸爸妈妈以后还是不要给我零花钱了。"

　　爸爸没想到小莲能说出这番话来，高兴地把她抱起来又玩举高游戏，逗得小莲哈哈大笑。玩累了之后，妈妈突然说："要不然，小莲你出去找份'工作'怎么样？"

　　"妈妈，我还是个小学生啊。"小莲吓了一跳，赶紧跑过去搂住爸爸的脖子小声说，"爸爸，妈妈变成我后妈了。"

　　"别胡说。"爸爸弹了下她的脑门，然后认真地说道，"妈妈的意思是，让你走出家门，去帮别人做一些事情，试着自己挣零花钱，这不是很好的'工作'吗？"

　　"原来是这样啊。"小莲夸张地松了口气，不过接下来，她又苦恼地说道："可是我还是个小孩子，没人愿意请我吧。"

"我们可以找熟人帮忙啊。比如说你李阿姨不是自己开了个泥塑工作室吗？我们可以去问问她要不要请你当杂工。"

"我最喜欢李阿姨做的泥娃娃了，去她那里帮忙，一定十分有趣。"小莲拍着手从爸爸身上跳下来，像只小燕子一样，飞快地奔出了家门，边跑边说，"我现在就去求李阿姨请我当帮手。"

孩子在家帮爸爸妈妈做些力所能及的家务活来赚钱，毕竟和成年人打工的意义是不太一样的。所以，为了能让孩子更好地体会到"工作"的含义，并教会孩子在生活中主动发现一些商机，让孩子走出家门去打一份工，显得尤其重要。

在这方面，美国就做得很好。美国的很多父母从小就开始培养孩子的挣钱能力了，而且培养孩子"财商"的方法多种多样。

有一位这样的美国父亲，他不仅鼓励自己的儿子在学习之余外出打工，更为了表扬和肯定儿子的这种行为，对他说："儿子，你每挣到一美元，我都会另外给你一美元，存在你的个人账户上，直到你成年为止。"

儿子觉得这真是天上掉下了大馅饼，为了能得到父亲的奖励，他很卖力地打工，赚来的钱一部分存起来，一部分则花在购买学习用品上。当儿子终于从学校毕业的时候，他的账户上已经有一万多美元了。这对于刚刚踏入社会的孩子来说，是很大的一笔财富。

同时，儿子因为有着丰富的"工作经验"，所以毕业之后很轻松地就找到了一份不错的工作，工作能力也得到了认可。

从上面的例子中不难看出，让孩子走出家门打工是件多么有意义的事情。我国很多家庭也都开始重视起孩子的"财商"教育来。为了让孩子们能体会到打工挣钱的辛劳，父母和一些组织想出了一个又一个方法。比如，开

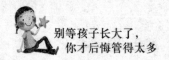
展仿真城市活动，让孩子在这个浓缩的城市里扮演各种各样的职业，体验打工挣钱的乐趣。

当然，这毕竟是大规模的团体性活动，在日常生活中，父母应该怎么做，才能让孩子体会到打工的乐趣呢？

在美国，富有的家庭也不会娇纵孩子，尤其是在金钱上面，更不会放纵孩子随便花钱。有这样一个故事，说的是美国有一个富翁，为孩子准备了最好的生活环境和学习场所，但是富翁却对孩子说："从今天开始，你自己的生活用品和学习用品，要自己想办法挣钱去买，爸爸妈妈已经为你花了不少钱了，不会再帮你在这些方面掏钱了。"并且，富翁为孩子指出了一条路，可以帮一个农场挤奶来挣取每个月的生活费。

我们父母也可以效仿这一点，不妨对孩子"心狠"一点，严格一点。但也不是掐断他所有的去路，看他在原地打转，而是为孩子指出一条明路，引导他走出门家，用自己的双手去挣钱。

比如，父母可以和亲朋好友联合起来，为孩子创造一个适宜的工作环境。比如，让孩子去亲戚家打个工，帮朋友家做件事，这些都可以作为一种选择，让孩子尝试着来完成。

让孩子明白"君子爱财，取之有道"

最近，妈妈感觉儿子宁宁手里的零花钱似乎突然变多了，而她并不记得自己多给过他零花钱，这是怎么回事呢？每每看着儿子买回来一大堆东西，妈妈就心神不宁，几次问他，他都说是靠自己的能力挣的钱，但问他怎么挣的钱，他却不回答了。

"宁宁，吃西瓜了。"周末的中午，吃过午饭的宁宁正在房间写作业，妈妈把切好的西瓜端了进去。

看见儿子书桌上堆了很多书和本子，妈妈心疼地说道："你们老师怎么留了这么多作业，这得写到驴年马月啊。"

"也没多少，很快就写完了。"宁宁把桌上的书本推到一边，对妈妈说，"妈妈，把西瓜放这儿吧，吃完我再写。"

"嗯，妈妈看看你写的是什么。"

"啊……"

宁宁想拦，却已经晚了，一本作业本已经拿在了妈妈的手里。

妈妈看了看，是数学作业本，再拿起一本，还是数学作业本，而且题目一样，字迹也差不多，有一本上面，还有刻意模仿别人字迹的痕迹。

"这是怎么回事？"妈妈合上本子，发现每个本子上的名字都不一样，有两个名字貌似是儿子同班同学的。

宁宁先是低下了头，过了一会儿，他又昂首挺胸地说道："我在挣钱啊。"

"挣钱？拿别人的本子能挣钱？"妈妈本以为是宁宁在抄同学的作业，但听到他的回答后，她觉得问题更加严重。

果然，宁宁支支吾吾地回答道："我是在帮同学们写作业，这样就能挣到钱啊。"

妈妈听完后，严厉地对宁宁说："宁宁，你现在就能考虑挣钱的事

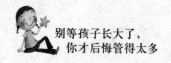

情，妈妈很开心，但是你这样挣钱的方法是不对的。以后不能再这么做
了，明白没？"

"哦……"宁宁似乎也知道这样做不太好，惭愧地低下了头。

有时候，父母可能会发现自己的孩子头脑真是太好了，好得都有点过头
了。为什么这么说呢？因为他们为了能挣到钱，真是什么方法都能想到，什
么手段都可以利用，就好像天生就是做生意的料。

但有时候他们挣钱的方法其实是不对的，甚至有些还是违法的行为，如
果不马上纠正过来，很可能导致很严重的后果。

就像上面例子中的宁宁一样，他认为用自己的能力来赚钱天经地义，却
没想过，这其实是很不道德的事情。写作业是每个学生的责任，必须自己完
成，这是对自己负责，不能随便找人代写或者是代替别人写，这些都是不对
的。如果用这种方法来赚钱，就更不对了。

父母可以用以下事例来帮助孩子分辨什么是合理的赚钱手段。

田田家不远处有个修车的小摊，这可是王爷爷的"宝地"，每天车
来车往，王爷爷就靠这个小摊来挣钱养家呢。

田田有时候会问王爷爷："王爷爷，你为什么要收人家的钱呢？"

王爷爷总是笑着回答道："因为我为他们修车、打气，为他们提供
了服务，当然要收费了。"

田田把这句话记在了心里。有一天王爷爷因事没有摆摊，邻居刘叔
叔知道田田家也有打气筒，就来他家借打气筒打气。

"田田，谢谢你。"打完后，刘叔叔把打气筒递还给田田，笑着正
要离开时，却见田田伸出了手。

"怎么了？"刘叔叔问。

"打气钱啊，两毛。"田田理直气壮地说道。

刘叔叔愣了一下，尴尬地拿出钱包。

"田田，你这是不对的。"幸好妈妈这时候走了过来。

妈妈对田田说："邻里之间是要互相帮忙的，怎么能收钱呢？如果大家帮个忙都要收钱的话，那我们家该欠别人多少钱啊。"

田田很快就明白了过来，不好意思地向刘叔叔道了歉，以后再也没有乱向人收过钱。

从上面这个事例中，我们不难明白，赚钱也不能什么钱都赚。有时候赚了一些钱，会让我们失去很多其他的东西。父母应及时将这些教给孩子，让孩子知道哪些钱该赚，哪些钱是不应该赚的。

第七章 父母少管束，
孩子才能走出自己的路

没有不优秀的孩子，只有被管"傻"的孩子

你是否常常羡慕别人家的孩子天资聪颖？你是否总是感觉自己的孩子能力平平？"我要是能有个隔壁家谁谁谁那样的孩子就好了"是否是你常挂在嘴边的话？相信很多父母的回答都是肯定的。可是你真的了解自己孩子的天赋吗？你是否过于关注孩子的缺陷和弱项了？"每一个孩子都是一个潜在的天才，只是经常表现为不同的形式。"美国哈佛大学的一位教授这样说。所以说，没有不优秀的孩子，只有不成功的教育，每个孩子其实都是天才。

平平有随处涂鸦的小爱好，书籍、纸巾、作业本上都有她的作品。但在妈妈看来，这是有碍整洁的怪癖，为此没少说她。

一次平平在考试中提前完成了试卷，在多次检查之后还剩下一些时间，于是她心血来潮就在试卷空白处涂鸦起来，因为是平时的小测验，所以老师也不会介意。

几天之后成绩下来，妈妈拿着涂鸦的试卷，气不打一处来："你还有时间画画啊，那你怎么没考到一百分啊？"

"不是的，妈，我已经检查过了，有空余时间才画的。"平平连忙解释说。

"你还跟我犟！你看你画的这些乱七八糟的，哪里都是，又不好

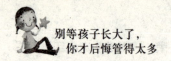
看，画了干什么！"

"我的同学都说还可以啊！"平平说。

"他们懂什么啊！你还是多把心思放学习上吧，画画纯属瞎折腾，又成不了什么大气候。"妈妈说。

哲学家卢梭曾说："要尊重儿童，不要急于对他做出或好或坏的评判。"孩子的天赋需要父母的挖掘和培养。平平的妈妈就犯了这样的错误，她觉得平平的涂鸦爱好成不了大气候，她只关注平平的成绩，这就有可能埋没了平平的绘画才能。如果平平的妈妈能够根据孩子的特长顺势引导，让她分出一些时间来学画，挖掘她的绘画潜能，说不定就能成就一位艺术家。

其实，我们每个人的潜能，比我们所知道的要大得多。天赋差异有限，生命潜能无限，这是为生理学、心理学、精神病理学等众多学科研究所证明的。他们指出，人们生来就具备一种特殊的能力，不过，这种能力隐秘地潜藏在人体内，表面上是看不出来的，我们称这种能力为潜能。其实这种潜能就是天赋。天赋并不是平常人们所认为的那种只有少数人才具有的禀赋，而是潜藏在每个人心中的能力的萌芽。只要充分利用这种潜在能力，我们便能做出不平凡的事业。所以说，每一种能力都有存在的理由和价值，每个孩子都有可能成为天才。问题是，父母是否真的能够了解孩子的天赋，尊重和发现这种天赋，并且帮助他们很好地将自己的能力发挥到极致。如果可以，那么天才就在你身边。

所以父母应该记住：你相信孩子是什么样的人，他就可能成为什么样的人。家长要相信孩子，你把孩子当天才，他才能成为天才。一个相信自己是天才的孩子，即使并不是天资过人，也有着更高的自我期望、更远大的理想、更充分的信心，当他把天才的观念内化到自己的思想中，成为自我认同的一部分，即使最终没有天才的表现，他也能淋漓尽致地发挥自己的潜力。家长的信任和鼓励，能够增强孩子的自我认同，使之一生受益。比如有这样一位母亲，她对孩子说："哇，这么难的题你都能解出来！了不得，有数学才能。也许是遗传自妈妈，妈妈当年数学就很好。"孩子对数学的兴趣就越发浓厚了。这样的做法是值得广大家长借鉴的。

有时，父母和孩子的关系，就好像伯乐和千里马的关系。每个孩子都是个天才，他在某一方面总会有自己的天赋，父母的责任就是帮助孩子认识和发掘他们自身的潜能和才华，并帮助他们发挥出来。如果你的孩子喜欢讲话，甚至在课堂上也常常窃窃私语，这说明，他有着强烈的言说欲望和特殊的口才，若加以正确培养，他有可能成为律师或主持人；如果你的孩子特别淘气爱动，常常上蹿下跳，那么你的善意培养有可能造就一位未来的奥运冠军。想要造就天才，父母就应该让孩子的兴趣和热情来引导孩子的能力发展。孩子一旦对某些事情产生强烈热情，他就会投入惊人的勤奋和毅力。一旦他步入这一轨道，就会遵循"使用就会发达"的规律，使其能力得到惊人的发展。实际上，天才就是这样产生的。

有这样一个孩子，他小时候得过脑炎，智商受到了严重的影响。但是他的父母坚持让他去上学，因为智商低，考试他常常得零分。周围的人都喊他"白痴"，但他的父亲经常鼓励他说"阿伟很聪明"，"阿伟你越来越聪明了"。有一次他破天荒地考了十分，他的父亲竟然高兴得让全村人都来参观。

他在学校里经常因为听不懂老师讲话，被老师骂是猪。爸爸听了女儿转述的弟弟被骂的经过之后，并没有生气，他是这样对女儿说的："如果你弟弟是猪，他也是全世界最聪明的猪。别人脑震荡越震越笨，

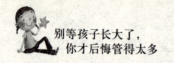
阿伟脑震荡会越震越聪明。"

他的大学考了七年才考上。老师曾给他做过智力测验，发现他在百分之九十的领域智力低于常人，但分析整合能力很好。于是他便扬长避短，用分析法来学习，终于顺利毕业。

他长大后也没有学会四则运算，他在学习、生活中也处处离不开记事本，不然的话，他一转身就会忘事。

然而，他却成了一名作家，出版了十几本书。而且，他还是一位职场激励专家，为许多企事业单位做演讲。

这个孩子就是台湾作家卢苏伟。

卢苏伟说："虽然我的智商很多次被评定为只有七十，但是我从来没有怀疑过自己是全世界最聪明的人。我一直认为这个自信很重要，它来自于别人对待你的态度，尤其是父母亲跟老师。特别是父母亲，你认为你的孩子笨，他就笨一辈子给你看；你认为他聪明，他就聪明一辈子给你看。"

卢苏伟的父亲懂得欣赏和保护孩子的才能，面对孩子的笨拙和缺陷，他并没有像很多家长那样，指责他、放弃他。这位父亲用爱和信任，创造了奇迹。

就像卢苏伟自己说的："其实每个人的内在都是天才，只是我们天才的地方不一样。今天学不会，并不表示没有这个天赋，也许只是方法不对。"只要父母善于发现孩子身上的闪光点，那么一道亲切的目光，一个肯定的微笑，一句鼓励的话语……也许就能够成就孩子精彩的一生。事实上，并非每个孩子长大后最终都能成为天才人物，但是，每个孩子年少时都拥有非凡的灵性和潜能，只要父母相信并努力地去开发，就会发现他们那独一无二的天赋！

"包办"父母很难发现孩子身上真正的闪光点

如今的父母们望子成龙、望女成凤，为了孩子日后有一技之长，送孩子去各种兴趣班、特长班，学习钢琴、舞蹈、绘画……这究竟是为了培养孩子的天赋，还是家长的"一厢情愿"？对于有些孩子来说，进特长班学习不是他们心甘情愿的，相当一部分是由家长一手包办的。其实，家长不征求孩子的意愿，就给孩子报各种各样的兴趣班、特长班，如果孩子对所学内容不感兴趣，那么不但收不到应有的教育效果，还可能会阻碍孩子的发展。

放暑假了，家长们都争先恐后地忙着为孩子物色兴趣班，玲玲的妈妈也不甘落后。

"玲玲，妈妈今天上街遇见你王阿姨了。她给小乐报了一个钢琴班，我也给你报上了，正好你俩可以一块学。"妈妈说。

"你怎么听人说什么就是什么啊，也不问问我的意见！"玲玲不喜欢妈妈自作主张。

"唉，妈妈辛苦挣钱供你读书，还让你学各种才艺，不都是为你好啊，多学点东西还有错啦？"妈妈觉得玲玲不懂她的一番苦心，也不高兴了。

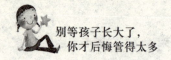
"要学你去学，我才不去呢！"玲玲撂下一句话，心里想着：我这么爱动，一刻都坐不住，这么安静高雅的艺术，还不把我给逼疯了。

"你敢不去，我报名费都给你交上了！"妈妈不由分说地命令道。

最终，胳膊拧不过大腿，玲玲还是乖乖去上了钢琴课。可是她根本就不感兴趣，学了一个暑假，才勉强会识乐谱。

俗话说"强扭的瓜不甜"，玲玲在妈妈的逼迫下就范了，乖乖去学了钢琴，可是玲玲真正学到了多少呢？如果妈妈能够先了解玲玲的喜好，再对症下药，而不是盲目跟风，相信玲玲是能够学有所长的。

当下人们越来越注重孩子的"软件"条件，唱得一曲好歌、画得一手好画都能为孩子的能力评定加分不少。也因此，父母们乐此不疲地为孩子报各种兴趣班、特长班，这本身也是有利于孩子的长远发展的。但是，有不少父母对孩子究竟喜欢什么、有哪些特长等问题都心中无数，特长教育完全是家长的一厢情愿，又或者父母贪多求全，今天让孩子学钢琴，明天让孩子学美术，过两天又让孩子改学书法，不堪重负的孩子哪里还有学习的热情？所以，家长们需要端正认识，孩子不同于大人，不能用成年人的标准去要求孩子，强迫孩子去学他不愿学的东西。放慢脚步，耐心地观察孩子的喜好和特长，去发现他真正感兴趣的东西，进而根据孩子的心理特点加以引导，这才是明智之举，也只有这样，才能达到家长所期望的效果。

人们常说，世界上不是缺少美，而是缺少发现美的眼睛。父母平日里应多抽些时间陪孩子一起游戏、活动，与他们交流感情，走进孩子的内心世界，才能发现他们的兴趣和才能。兴趣是最好的老师，特长培养往往是从兴趣开始的。比如说，孩子喜欢涂鸦，书本上、桌子上、墙壁上处处都有他的"墨宝"，那么他可能有绘画天赋；如果孩子喜欢讲故事、编故事，那么他可能想象力丰富，有作家的潜质；如果孩子喜欢"发号施令"，家庭聚会时善于组织活动安排座位，那么他可能具备强有力的组织和领导才能。发现了孩子平时感兴趣的事情，家长还要加以引导，假以时日，说不定就能培养出一位画家或作家。

当然，假如父母并不赞成孩子的兴趣爱好，也不能仅凭自己的喜好，按照自己的主观意愿，对孩子横加干涉。父母应该站在孩子的角度去考虑，然后耐心地与孩子进行沟通，而不是强迫他们做一些他们不想做的事情。否则的话，孩子不仅无法发展他们的兴趣爱好，反而会适得其反。就像上面事例中玲玲的妈妈，她的思路是对的，可是这样强求孩子，逼玲玲学钢琴，效果就很不理想。相反，假如父母尝试着让孩子自己去选择他们的兴趣爱好，不但可以事半功倍，还不会受孩子埋怨。

小辰刚刚获得了省级青少年围棋比赛的冠军。想起学棋的经历，他表示，这个冠军奖杯离不开妈妈的培养。

小辰接触围棋还要从小学说起。一次，小辰偶然提出要和妈妈下一盘五子棋，因为是第一次下棋，妈妈压根儿没把他放在眼里。结果，妈妈居然连输四盘。妈妈惊讶地说："你小子不错啊！"于是暑假开始，父母就把他送到围棋社学习围棋，这一学就是三年多。

中学以后，由于课业加重，小辰一度想放弃。

"妈，我不想学围棋了，作业实在太多了！"

"儿子，你告诉妈，你是因为对围棋不感兴趣了，还是单纯因为作业太多了？"妈妈问。

"围棋会让我快乐，可是作业完不成我更痛苦！"小辰无奈地说。

"那这样吧，我们就把围棋课移到暑假吧，好不好？"妈妈说。

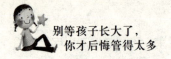
"这样好。"小辰说。

就这样，小辰在妈妈的支持和鼓励下，坚持学习围棋，棋艺越来越精湛，最终获得了冠军。

家长应该明白，特长教育只不过是孩子知识教育的补充，家长不宜将其看得过重，以免造成喧宾夺主的不良后果。孩子的特长教育应张弛有度，父母要给予孩子足够的自由活动的时间和空间，使孩子在玩中求学、在学中能玩，如此，才能收到良好的教育效果。

孩子的特长培养不是一朝一夕的事情。孩子毕竟是孩子，贪玩好要是他们的天性，同时他们的兴趣与爱好都具有较大的可变性，今天喜欢的东西，明天也许就不再喜欢了。家长不能急于求成，更不能揠苗助长，一定要以孩子的兴趣为出发点，注意因势利导，激发孩子的学习兴趣和学习欲望，那么孩子自身的优势就会凸显出来。只要家长细心观察、耐心引导，孩子"全面发展"并不是天方夜谭般的故事。

成长需要尝试，一次失败不算什么

一个孩子成长起来，一定经历了许多人生的第一次，孩子也是在一次次的摸爬滚打中分清是非对错，知道自己想要什么。成长的过程就是这样一个不断尝试的过程，不经历风雨怎么见彩虹？可是现实并非如此。如今的孩子多是独生子女，得到父母的百般呵护，总是被父母的"爱"庇佑着，很少有经历风吹雨打的机会。父母"爱的翅膀"其实也遮住了孩子自由飞翔的天空，因为只有在尝试中，孩子才能更快地学会成长。

朋友们商量着一块去攀岩，小涛兴致勃勃地跟妈妈说："妈，同学喊我一块去攀岩，您再给我买点运动装备吧。"

"攀岩，那多危险哪，万一摔下来可怎么办？不能去，不能去！"妈妈紧张地说。

"没关系的，有保护措施的，而且还有专业人士保护的。你让我去嘛！"小涛央求妈妈道。

"不行，周末乖乖待在家里。"妈妈严厉地说。

看到有同学能说会唱，小涛试探性地问妈妈："妈，我想学吉他。"

"你怎么想一出是一出啊，有时间多花点心思在学习上。"妈妈说。

"你放心，我保证不耽误学习。"小涛说。

"你敢保证，我可不敢相信。"妈妈笑着说。

就这样，小涛一个个的计划都被妈妈否决了，除了学习，他也不知道自己能干什么。

有些事情，不尝试就不知道自己行不行。可是如果连尝试的机会都没有，那就更可悲了。小涛妈妈就是这样一位不明智的母亲，她剥夺了小涛尝试的机会，只关心学习成绩，使得小涛越来越没有方向感了。

在孩子成长的道路上，尝试是一门必修课。比如尝试参加比赛，尝试学习唱歌跳舞，尝试克服困难，尝试谅解他人，甚至尝试失败。哲学上讲，

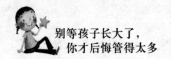
实践是检验真理的唯一标准。每一次尝试不一定都能成功，但一定会有收获，只有经过尝试，人们才能知道自己的长处和短处，才能更全面地认识自己。如果成功了那自然好，那会增强自信，让前进的方向愈加明晰；如果失败了，也能累积经验教训，从而完善自己。所以，父母们应该鼓励孩子去尝试，让孩子在不断地尝试中循序渐进地提升自己，找到自己需要走的路。

人生的路很长，孩子总有一天要离开温暖的家，独自去面对复杂多变的社会和未知的生活，父母不可能庇佑孩子一辈子。父母现在对孩子的包办代替、呵护有加，有可能加剧了孩子的依赖心理，剥夺了孩子独立尝试的机会，这将给孩子的将来带来很多隐患。比如有的家长在陪孩子玩游戏或者下棋的过程中，总是故意输给孩子，而不愿让孩子体会失败。一直生活在伪造的顺境中的孩子走向社会后，往往不能正确应对突如其来的各种挫折和失败。又比如有的家长为了孩子的学习成绩，总是有意无意地扼杀孩子的小爱好，孩子因此更抵触学习，而且那些兴趣爱好说不定就能造就一个未来的科学家或文学家呢。

与其这样，父母不如放手让孩子自己去尝试、去探索，去体验、去经历，让孩子在遇到困难、挫折的时候，勇于面对并学会自己想办法解决。这样孩子才能在失败中反省不足，逐渐成长，才有足够的能力去面对未来各种各样的挑战。与此同时，父母最需要做的，就是帮助孩子学会在实践中分析问题，从失败中查找原因，总结经验和教训，不断完善自己。这样孩子每一次的尝试都会是一次提升、一次成长。

叶子从小喜欢看书，看见哪里有书，随手拿起来就看。妈妈发现了叶子这个小爱好，于是就鼓励她："姑娘，图书馆里的书多，你可以去那里看。"

后来，叶子又迷上了电台广播，每天定时收听广播节目。一天叶子对妈妈说："妈，据说咱们市电台要招少儿频道的主持人，我想去试一试。"

"好啊，去吧。你平时看书不少，普通话也标准，去试一试吧！"妈妈鼓励叶子。

听了妈妈的鼓励，叶子很有信心地报了名，结果在最后一轮面试时败给了另一个小姑娘。

可是叶子并不后悔，她告诉妈妈："去了电台，见识了更优秀的播音员，他们的声音和人格魅力让我更爱播音了。妈妈，我将来想从事这一行。"

"妈妈支持你，那你从现在开始就得努力啦！"妈妈说。

"我知道！"叶子坚定地说。

父母也应该努力为孩子营造自由宽松的环境，让孩子敢于尝试，让孩子在多种尝试中去寻找到自己的路。同时，孩子努力尝试了，不论结果如何，父母都应该给孩子鼓励和称赞。因为敢于尝试的人，都是勇敢的人。

在这个世界上，无论学习还是生活，很多事情不是一次就能成功的，可能需要几次、几十次，甚至上百次、上千次的努力。但是在挑战面前勇于尝试，才能真真切切地体会到成长的滋味。就像没有尝试过饥渴的孩子，永远感受不到食物和水的珍贵，没有尝试过挫折和失败的孩子，也品味不到成功的喜悦。是尝试让智慧得以增长，让能力得以提升。所以，父母的正确选择，便是放手让孩子去尝试，让孩子在尝试中学会成长！

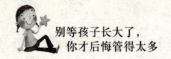
父母认为的好未必孩子就会喜欢

在父母眼中，儿女永远是长不大的孩子，事事需要他们的提点和指引。特别是对于当前大部分独生子女家庭而言，由于对孩子未来的前途过分焦虑，父母往往对孩子干涉过多、管得过细，动辄对孩子的错误大加声讨，对孩子不成熟的意见和选择大加指责。因而，父母往往由于不够宽容而扼杀了孩子的天性。很多时候，父母认为自己所做的都是为孩子好，其实那都是父母一厢情愿的想法。

妮妮高中分文理科，母女俩商量要报文科还是理科。

妮妮很喜欢文科，就对妈妈说："妈，我想报文科，因为……"

没等妮妮说完，妈妈就说："还用想？当然是理科。现在文科生哪里能找得到好工作，就算找到工资也不高。"

妮妮说："可是我喜欢文科啊！"

"喜欢有什么用？妈妈我是过来人，还是理科好，我还能骗你吗？"不容分说，妈妈就帮妮妮做了决定。

"妈，你为什么总是这样，从幼儿园到小学、初中、高中，我人生的每一个决定，都是你帮我做的。从来都是你要我怎样做，而没有问过我是怎么想的。"妮妮哭着说。

"你哭什么哭，我还不是为你好，等你长大了就知道了。这件事没得商量。"妈妈说。

没想到，第二天，妮妮就给妈妈留下一封信，离家出走了。信里说："妈，我已经长大了，也能自己做决定了，请你将选择的权利归还给我吧！"

妈妈含着泪对邻居说："我还不是为她好，看来我是白费心了。"

妮妮喜欢文科，想学文科，妈妈却让她学理科，妮妮自然不愿意。况且学文科，并非妈妈想的那般不好，文理科只是社会分工不同，人才同样重要。每一个孩子都有自己的想法，有渴望摆脱束缚的愿望，如果父母一直牢牢攥着那些"选择权"，把自己的意愿强加给孩子，这对孩子的成长是不利的，因为在未来，为他们的生活负责的是他们自己，父母无法代替。

其实，对于孩子成长之路的选择，家长很多的经验都来自于自身的实践。可在他们小的时候，成长路径的选择非常少，而如今时代不同了，社会变化快，孩子成长路径的选择也非常多，父母没有办法去预计和设定孩子的未来。孩子将来在哪里工作，从事什么样的职业，有怎样的生活方式，都是父母无法设定和想象的。父母能够做的，就是用包容的眼光看待孩子的选择，为他们提供各种可能的基础和条件，在孩子迷茫的时候为他们指点迷津，在孩子走歪的时候提醒和拉他们一把。所以，父母要给孩子自主选择的权利，让孩子能够从自己的个性、追求出发，走出一条自己的路。

那么，孩子的兴趣和梦想只要在适当的范围内，父母都应该尊重和支持，然后放手让孩子去选择。父母尊重了孩子的选择，孩子才会懂得感激，才会重视自我价值和责任感。如果孩子有了想法、有了兴趣，父母却不支

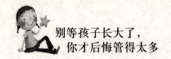

持，那孩子怎么能成功？而且，如果选择总是被父母否定，时间久了，孩子也会产生挫败感，有的孩子索性听从安排，变得没有主见，随波逐流。孩子虽然年纪小，但是也有自己的尊严和独立人格。作为父母，要尊重孩子的生活意愿，尊重孩子的自主选择，只要不涉及原则性问题，就应该给孩子充分的自由，让孩子自己做决定，这样，孩子才会成长为独立、有主见的人。

　　篮球明星乔丹的妈妈曾深有体会地说："在对孩子放手的过程中，最棘手的问题是让孩子去追求自己的梦想，自己做出决定，选择与我们为他们设计的不同的发展道路。"可见，想让孩子真正独立，就一定要勇敢地对孩子放手。假如父母并不赞成孩子的选择，也不能按照自己的意愿横加干涉，父母要懂得包容，站在孩子的角度去考虑，认真倾听孩子的想法，耐心地与孩子进行沟通，而不是强迫他们做一些他们不想做的事情。俗话说"退一步海阔天空，让三分心平气和"，包容并不是无能的表现，而是处理问题的一种有效方法。

　　立军念高二的时候，有一天突然告诉父母，他迷上了轮滑。
　　"爸爸，我想学轮滑。"
　　爸爸吃惊地看着立军，说："你怎么忽然想学这么有危险性的运动啊？"
　　"爸，您不是教导我男孩子要勇于挑战嘛。高中课业重，压力大，学轮滑能让我放松。"立军告诉爸爸。
　　"可是，儿子，万一磕着碰着可怎么办，你不怕啊？"妈妈担心地问。
　　"不怕。我是男子汉！"
　　"既然如此，那这样儿子，爸爸同意你先去试一试，如果有困难咱们再说。但是，你一定要保护好自己。"爸爸说。

"我会的。谢谢爸妈。"立军很开心。

之后，爸爸妈妈就陪同立军购买了全套的轮滑装备，还为他请了老师。立军后来告诉爸爸，其实当他准备滑行时，心里还是有些害怕的，但是他们能够支持他，他真的非常开心。

还需要提醒父母的是，包容孩子并不等于纵容、溺爱孩子，并不意味着放任不管。无条件地满足孩子，只会让孩子恃宠而骄、我行我素，提出一些不切实际的要求。例如孩子爱上网，如果父母纵容不管，那么孩子很有可能染上网瘾，误入歧途。家长支持孩子不是无条件的，合理的要支持，不合理的要坚决反对，不能由着孩子的性子来。

在成长的路上，孩子难免犯错，或者做出不成熟的决定，作为家长，应该多接近孩子，多了解孩子，多听听孩子的心声，以一种包容的眼光去看待孩子。家长不要替孩子做他力所能及的事，也不要干涉孩子正在做的事，而应在原则范围内，尊重和支持孩子的选择，再以及时的沟通、经常性的鼓励为孩子保驾护航，相信孩子将会闯出一片属于自己的绚丽天空。

少管束多支持，给孩子自由的时间和空间

随着孩子逐渐长大，他们越来越渴望拥有属于自己的自由时间和空间，

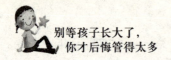
他们渴望挣脱家人的"包围"，独立地安排自己的生活。可是很多父母认为，孩子还缺乏足够的自我约束力和经验，不知道哪些事该做、哪些事不该做，如果父母不加以管教，孩子就很容易变得为所欲为。就这样，孩子的课余时间被很多的补习班挤得满满的，孩子的日记父母也心知肚明，如此剥夺孩子的时间和空间，禁锢孩子的好奇心和创造力，这样的教育可能会得不偿失甚至适得其反。

　　早上，妈妈去晶晶的卧室叫她起床，一推门就看见晶晶正在穿一条黑色长裤。

　　"怎么穿这个啊？昨天不是给你找好要穿的衣服了吗？"妈妈一边说一边在衣橱里翻找她本来准备的粉色连衣裙，又取出来递给晶晶。

　　不一会儿，晶晶出来了，还是穿着那条裤子。妈妈一看，鼻子差点气歪了，声音提高了八度："为什么不换裙子，还要穿裤子？"

　　晶晶一脸委屈："我喜欢这样搭配嘛！"

　　妈妈依然坚持："听话好不好？这样真难看，去换下来！"

　　"难看你就别看，我又没让你看！"晶晶也不高兴了。

　　"嘿，我是为你好，穿成这样去学校你不怕笑话，我还怕呢！快去给我换了！"妈妈不由分说地命令道。

　　"我不，我就不！"晶晶大声地吼道，连早饭也没吃，就气冲冲地走了。

　　"下回别指望我再给你买衣服啊，不听话。"妈妈说道。

　　晶晶在穿衣方面有自己的主见，她的穿衣搭配却引起了妈妈的不满，妈妈没有给晶晶选择的自由，命令她换上自己挑选好的衣服，母女俩意见不合，于是不欢而散。其实孩子大了，完全可以自己穿搭衣服，这样才能体现出孩子的个性，像晶晶妈妈这样过度干涉，剥夺孩子自由选择的举动，必然招来孩子的反感。对父母而言，面对孩子对自由的渴望，父母是该放手还是该干涉？这其中的度需要父母好好把握。

在许多父母看来，"时间就是效率"是至理名言，所以孩子的时间不容虚度和浪费，只有在课余时间抓紧学才能赢在起跑线上。父母觉得孩子还小，没有父母盯着，就不知道该干什么了。但是父母没有看到，孩子的学习负担和压力一点也不轻，再加上各种补习班、特长班，他们已经感受不到童年的快乐了。父母也没有看到，从小被父母管得太严的孩子，做什么都小心翼翼、循规蹈矩，完全丧失了孩子该有的朝气蓬勃、敢想敢干的劲头。自由，是孩子成长的阳光。多给孩子一些自由的时间，让孩子自由探索和玩耍，才能培养出有创造力的孩子。多给孩子们一些空间，让孩子享受合理的自由，他们才能建立起牢固的信任感和安全感。

有这样一位钢琴家，他从小就被父母逼着每天用大量的时间练钢琴。虽然最终他弹得一手好琴，也获了很多奖，但是他的心灵里留下的是却是噩梦般的成长记忆。当有记者问他，是否会让他的孩子也弹钢琴，他回答说："我想给他更多的自由，让他选择他自己喜欢的东西去学。"这位钢琴家用自己的经历告诉广大父母，要多给孩子一些自由的时间和空间。给予孩子自由，就要放手让孩子选择自己感兴趣的事情去做，只要不违背原则，父母都不应该过度干涉。因为兴趣是最好的老师，它会引导孩子走向成功。

孩子待在学校里学习的时间已经很长了，家长不应该再给孩子太多的压力，让其担负过重的课业重担，要多给孩子一些自由，让其有时间了解和观察周围的事物，不管是在放学路上或是在其他时间，孩子都可以学到许多教室里和书本上学不到的东西。例如孩子放学晚回家了一会儿，有可

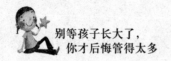

能是和同学聊天耽误了，这个过程锻炼了孩子的交流能力；孩子也可能去逛商店了解新事物去了，这个过程锻炼了他们的社会实践能力。孩子回来后问清楚经过即可，指责和呵斥并不是好的办法。

　　周末，爸爸妈妈准备带着小君一起去拜访一位老朋友。

　　"爸妈，我想向你们请个假，我可不可以不去啊？"小君问道。

　　"这是爸妈的一位老朋友了，人家几次提到你，说想见见我们家的公主呢！你为什么不想去啊？"妈妈很遗憾地问。

　　"哦，是这样的，我好不容易有一个可以自己支配的周末，我想干点自己想干的事情啊。"小君回答，"再说了，你们长辈聚会，我在边上也没事干。"

　　"也是，妈妈没想到这方面，那就下次带你单独去拜访吧！准假了！"妈妈说道。

　　"哎呀，妈，您真开明！"小君接着说，"那您代我问叔叔好啊，顺便代我表示歉意。"

　　"嗯，小君真懂事！"妈妈夸她道。

　　爸妈走后，小君先主动帮妈妈打扫了房间，然后完成了作业，接着拿出了星空拼图，认真地拼了起来。

　　给予孩子自由，也意味着给予孩子磨炼和摔打的机会，孩子就是这样一步一步地通过自己体验、思考成长起来的。可是在生活中，溺爱孩子的父母有很多，无论吃饭穿衣、还是学习社交，他们都亲力亲为、越位代劳。自由意味着父母要适当放开手，让孩子自己支配自己的时间，独立完成自己的事情。当孩子开始进行自我探索的时候，作为父母，既不要替他完成，更不要经常限制他。只有尊重孩子，给孩子合理的自由，让孩子的思想、双手、时间、空间获得自由，孩子才会发展出独立的人格，培养出责任感和自律意识，进而养成良好的个性品质。另外需要补充的是，自由并不意味着事事都依着孩子，不约束不管教，在孩子享受自由的时间和空间时，父母不妨给孩子立下一些规则，毕竟"无规矩不成方圆"。

对孩子来说，整个世界都是新鲜陌生的，他们初生牛犊不怕虎，他们需要自由，童年需要快乐。所以，父母爱孩子就要让孩子放飞自我，多给孩子些自由的时间和空间，让孩子自己去感受未知，获取经验，自由发展，快乐地成长！

第八章 与其多插手，
不如让孩子锻炼能力

别指责，犯错是孩子成长的必修课

英国一位词作家曾经说过："在通往明星的征途上，每个人都会留下伤疤。"可见每一个人的成长之路都不是一帆风顺的。在通往成功的道路上，我们都会犯错，不管是成人还是孩子。但是，有一些父母却不允许自己的孩子犯错。在自己的精心呵护和谆谆教导下的孩子竟然总是出错，这让父母难以理解。他们怀着求全责备的心态，无法容忍孩子犯错。这类父母经常因为孩子的一些小错误而无情地训斥孩子，给孩子的心理带来了沉重的压力。

放学了，王虎约了几个好伙伴一起打篮球。没想到，王虎中途没控制好篮球，篮球飞了出去，正巧打中了旁边看球的小朋友的头。由于力度比较大，小朋友的头一会儿就肿了。

晚上，孩子的妈妈就找到了王虎家里。"你家孩子把我儿子的头给打了，你看，肿了好大一个包呢！"那位妈妈心疼地说道。

"对不起，阿姨，我不是故意的。"王虎连忙赔礼道歉。

"什么！你怎么把人家都给打成这样了！怎么回事？"妈妈生气地质问王虎。

"打篮球的时候不小心打到他了。"王虎回答。

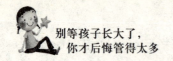
　　妈妈一听，更加火冒三丈："你这个孩子，你说你都会干啥！打个篮球都打人头上去了！真给我丢脸！"

　　"妈，我说了，我不是故意的！"

　　"你还顶嘴，错了就是错了！下回再出现这样的事情，你就别想再玩篮球了！"妈妈指着王虎的鼻子说道。

　　王虎觉得自己没有错，妈妈却当着外人的面骂自己，他伤心极了，关上房门，眼泪就止不住地夺眶而出。

　　"这孩子就是不懂事！大姐，您见谅啊……"妈妈又给那个小朋友的妈妈赔礼道歉。那位妈妈一时也不知所措，没想到一件小事竟然闹成这样，她本来只想来见见王虎，顺便借着这件事让孩子跟着王虎一块学篮球呢！

　　人这一生难免会犯错，成人如此，孩子犯错的机会更多。父母应该懂得，孩子犯错误是一件正常的事情，不要像事例中王虎的妈妈一样，因为王虎的无心之举，而当众训斥孩子，这样做只会深深伤害到孩子的自尊心。如果王虎妈妈能够抱着宽容的态度，明白打篮球误伤他人只是一场意外，再稍加提醒和教导，事情最后就不会变成这样了。

　　父母作为过来人，应该明白孩子在成长的过程中，犯错误是在所难免的。人们都是在一次次的错误和挫折中积累经验教训，慢慢长大的。成长中的孩子心智还未成熟，父母不能要求孩子做到十全十美，这是不合理的。有些父母为了防止孩子再犯同样的错误，会对孩子横加指责，甚至还会棍棒相加，让孩子身心饱受摧残。这些做法其实并不是真的对孩子好。

　　父母要理解孩子，了解孩子身上的不足，要允许孩子犯错误，让孩子明白犯错误并不可怕，可怕的是犯了错误却不敢承担责任。从某种程度上讲，孩子犯错并不是一件坏事，父母可以在孩子犯错的时候好好地教育孩子，通过分析犯错的原因，帮助和引导孩子找到正确的做法，同时鼓励孩子从自身的缺陷中找寻发展的方向和动力，从经历的错误和挫折中累积经验教训。只有这样，孩子才能不断进步和成长，这可比不让孩子犯错强多了。

有的父母在孩子的成长路上，总是习惯溺爱孩子，总想把孩子保护起来，生怕孩子磕着碰着，舍不得让孩子受挫折。其实，这并不能真正帮助孩子，父母不是万能的，也无法呵护孩子的一生，孩子总要独立生活，到那时孩子无法自我保护，该怎么办呢？所以，父母要允许孩子自己在生活里摸爬滚打，通过犯错学会自我成长。

妈妈给赵力买了一辆自行车，让他学骑车。一天，赵力在学车时不小心摔倒了，结果人受了点伤，车也摔坏了。

回到家，赵力很害怕，担心妈妈责骂他，于是一直都低着头默不作声。妈妈发现儿子不对劲儿，就问："赵力，你怎么了？"

赵力不敢说话。妈妈估计赵力是做了错事，于是就耐心地说："赵力，不要害怕，有什么事情告诉妈妈。"

"妈，我……我把自行车摔坏了。"赵力吞吞吐吐地说。

"啊，摔啦，那你摔伤没有？"妈妈心疼地问。

"擦破点皮，没关系的。就是自行车骑不了了。"

"哦，原来是这样。没关系的，学车哪能不摔呢，人就是在摔打中长大的嘛！自行车坏了修一修就好了。"妈妈开导赵力说。

"妈妈，我知道了。您真好！"

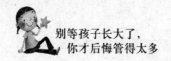
很多时候，孩子犯错，是由于他的好奇心引起的，父母不仅要允许孩子去犯这类错误，还要引导他主动去接触这类错误。但是如果孩子犯的是原则性的错误，例如欺负弱小、偷窃、撒谎等，父母就一定要让他知道，那是不被允许的行为，并且还要通过适当的惩罚让孩子引以为戒，不再犯类似的错误。

孩子的成长需要成功快乐，也离不开痛苦挫折。父母允许孩子适当犯错，孩子才能经历更多的磨炼，在痛苦中体会到成长的快乐，在挫折中真正学会长大。

保护孩子，不如教孩子学会自我保护

父母一直是孩子坚定的保护者，然而孩子也是独立的个体，父母不可能时时刻刻将他们庇护在自己的羽翼之下。父母要保护孩子，首先要教他们如何保护自己。然而，在现实生活中，很多父母对于孩子的安全问题重视得显然不够，让孩子受到了伤害。

星期天，爸妈有事外出，小龙一个人在家看电视。

"请问有人在吗？"屋外有人在敲门。

小龙只当是爸妈回来了，问也没问，就开了门，门口站着一个提着工具包的叔叔。"大人在家吗？我是自来水公司的，你们家报修说水管坏了，我来维修！"叔叔说。

"哦，我爸爸妈妈不在，就我一个人。我们家水管坏了吗？"小龙疑惑地问。

"嗯，是的。肯定是妈妈出门忘记和你说了。没关系，我一会儿就修好了。"叔叔笑着说。

虽然小龙还是很疑惑，没听说家里水管坏了，但是看着这个叔叔"全副武装"，还挂着工作牌，就打消了疑虑，让叔叔进了屋。小龙看着叔叔这敲敲那打打检查水管，觉得很无聊，于是就接着看电视去了。不一会儿，外边忽然没动静了，于是小龙就又跑过去了，结果将正在偷抽屉里钱的叔叔逮个正着，于是小龙大叫一声："你干吗？你是小偷！"

叔叔一看被发现了，立马飞奔过来，捂住了他的嘴巴，凶狠地说："叫什么叫！再叫给你一刀！"

小龙吓傻了。一动也不敢动，那个叔叔又变了一副笑脸说："孩子，叔叔不是坏人，只不过是想借点钱嘛！告诉叔叔，你们家存折在哪里啊？"

小龙拼命地摇头，那个叔叔见状，似乎觉得存折在哪里小孩子可能真不知道，于是就绑住了小龙的手脚，拿着钱和首饰，大摇大摆地出门去了。

爸妈回来看到家里的一片狼藉，儿子被绑了起来，吓坏了，立马报了警。可是小龙吓坏了，什么也记不得了，好一段时间都恍恍惚惚的。

当父母不在身边的时候，如果孩子心中没有明确的安全意识，是很危险的事情。事例中的小龙就缺乏基本的安全意识，对陌生人毫无防范，在发现偷窃行为的时候，也未能冷静地报警求助，反而方寸大乱，被窃贼挟持，差

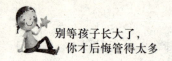
点危及生命。遇上这样的事情，我们在替孩子担忧的同时，也不免要问问孩子的父母：作为孩子的监护人，父母有没有教会孩子，当父母不在身边的时候，应如何保护自己？父母必须了解孩子所面临的潜在危险，必须让孩子在面临危险时懂得如何自我保护，这样孩子才能更加安全健康地成长。

安全需求是仅次于生理满足的一种需求，是人能够健康生活的必要条件，也是关系到家庭美满幸福的重要保证。所以，孩子的安全问题值得引起父母的高度重视。父母在给孩子提供优越的生活和学习环境之时，还应该加强对孩子的安全教育，让孩子学会自我保护。家长可以通过有效的沟通和范例讲解，教会孩子如何识别潜在的危险或者可疑的情况，让孩子远离危险，以及在发生危险的时候采取适当的行动，以恰当地保护自己。如果孩子懂得了如何保护自己，那么很多悲剧是可以避免的。

有孩子反映，他们在学校总是被欺负。青春期的孩子争强好胜，同学之间发生摩擦是难免的。孩子被欺负，也是成长过程中不可回避的事情。面对这种孩子之间的冲突，父母应该告诉孩子，被欺负时忍气吞声只能助长他人的霸道，只有勇敢地面对，才能保护自己。有的家长会教孩子"他打你，你就打他"，这种以牙还牙的处理方式虽能一时解决问题，同时也会助长孩子的攻击性，其实不利于孩子的成长。家长应该告诉孩子：你不用害怕，可以大声求援，吸引老师、大人或者其他同学的注意，求得他们的帮助。

父母应该告诉孩子当他遭遇暴力侵害时，比如遭遇拐骗、抢劫、歹徒行凶、人身侵犯等，应采取应变措施以寻求帮助。首先父母应该向孩子强调不能随便信任陌生人，当有陌生人以水电修理工的名义上门时，孩子一定要提高警惕，善于识别，如果情况比较危急，孩子应该立即打电话向父母、邻居或警察求助。如果遭遇坑蒙拐骗或者歹徒抢劫等危险的事情，告诉孩子要保持镇静，努力记住坏人的相貌、穿着、年龄及车牌号码，记住经过的道路、地点和有特征的建筑物，寻求机会逃跑，同时大声呼救。此外，父母不妨带孩子学习跆拳道、空手道等对抗性的体育项目，以便于孩子在面临侵害时能够有力地反抗。

教育孩子如何应对意想不到的灾难以及如何自救，也是家庭教育中不可或缺的一课。一项抽样调查表明，青少年意外伤害已成为世界各国青少年面临的第一大"杀手"，如果学校和家长多教给孩子一些灾害防范和急救知识，有意识地对孩子进行伤害模拟训练，很多意外伤害是可以避免的。例如对于火灾的防范和自救，父母应该在平时就注意给教孩子逃生的常识：在公共场所寻找安全出口标志；当火灾发生时，顺着标志上箭头的方向跑，尽量不要乘坐电梯，要迅速从楼梯撤离；逃生时用手帕、毛巾等包住自己的鼻子和嘴巴，放低身体沿着安全出口标志的箭头方向逃生。

　　看到新闻中一位民众在火灾中跳楼的报道，妈妈问洋洋："如果你是他，在那么危急的情况下你怎么办？"

　　"我可不会去跳楼，电梯快，我赶快去坐电梯下楼。"洋洋说。

　　"孩子，那时候大家都会去坐电梯，肯定很挤，而且火灾发生，还可能影响供电，所以这时候要尽量走楼梯。而且，还要放低身体，用湿毛巾、衣服等包住嘴巴和鼻子，以抵挡浓烟。"

　　洋洋点了点头，说："生命诚可贵，妈，我一定牢记这些常识。"

　　"孩子，你在慢慢长大，总有一天，妈会不在你身边，所以你要学会保护自己。"妈妈语重心长地说。

　　洋洋说："妈，我一定记住您的话。"

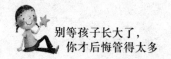
事例中妈妈让洋洋自己去思考，并让他设身处地地考虑对策，这样的教育在动机和方法上都是非常好的。另外，父母在日常的人际交往中帮助孩子树立自我防范意识，增强自身的防范能力，也是必要的，这样孩子在遇到异常情况时，就能够冷静、机智地去应对了。父母要告诉孩子：遇到紧急情况要拨打110；独自在家，要锁好门，有陌生人来访，不要轻易开门；熟记家庭住址、电话以及家长的工作单位名称、地址、电话等，以便在急需时取得联系；不接受陌生人的钱财、礼物、玩具、食品，与陌生人交谈要提高警惕，不随便搭乘陌生人的车辆等。

孩子的健康和安全，不仅关系到每个家庭的幸福，更关系到整个社会的稳定。父母必须了解孩子所面临的潜在危险，让孩子懂得如何在危险来临时保护自己，才能为孩子撑起一片安全的天空，让他们平安快乐地成长。

让孩子养成正确的幸福观和财富观

如今社会发展了，对于在经济社会里成长起来的孩子们来说，从小就要和钱打交道，财富成为他们人生中必须面对的主题之一。从小培养孩子正确的财富观，在孩子的每一步成长过程中进行有规划的理财教育，成为新一代父母的必要选择。然而很多父母在这方面做得并不好，他们尽可能地满足孩子的一切要求，使孩子养成了"金钱至上"的观念，孩子热衷于比较谁的家里有钱、谁的零花钱多，有的孩子已经成了金钱的"奴隶"。

小乐上高三了，正积极地备战高考。对于他即将到来的大学生活，一家人讨论了起来。

妈妈问："小乐，大学你想在哪里读啊？"

"内蒙古！我想去感受一下大草原的广阔！"小乐说。

"啊，去那能学到什么啊？出来说不定工作都不好找的。"妈妈明显反对小乐的想法。

"哦，那就考完再说吧。"

"那你想学什么专业啊？"妈妈继续问。

"我对哲学很感兴趣。"小乐兴致勃勃地回答。

"学哲学有什么用啊，还不如计算机啊、土木工程啊这些理工科的专业好，这些专业出来工作好找，工资还高！"妈妈说。

"可是我喜欢哲学啊！"小乐不满妈妈的建议。

"喜欢能当饭吃啊，能挣大钱才能活得好！如今，有钱才能买得起车，买得起房，才能过得幸福！"妈妈说。

小乐若有所思地点了点头。高考填志愿的时候，小乐最终还是妥协了，填报了妈妈建议的专业，放弃了他钟爱的哲学专业。开学上课后，他才发现，学习自己不感兴趣的专业是如此痛苦。

在小乐妈妈看来，金钱是幸福的保障，钱多了才能获得幸福。于是小乐在妈妈的建议下，放弃了自己喜欢的专业，选择了妈妈心仪的专业。事实真会如妈妈希望的一样吗？小乐真的会感到幸福吗？一个人不能够学习自己所喜欢的东西，恐怕是没有多少幸福感可言的。或许小乐在奔向幸福的路上就

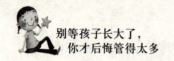
会因为提不起兴趣而放弃了。

如今除了智商、情商，财商也已经被列为考察孩子能力的因素之一。三商都高的孩子，才能赢得自己精彩的人生。所以如何引导孩子形成正确的财富观，让孩子懂得正确对待财富，是父母应该认真思考的一项新课题。财富观是一个人对钱财的根本看法和态度，是和价值观、人生观紧密相连的。如今的孩子，毋庸讳言，深受攀比风和奢侈风的影响，往往把追求金钱作为自己的人生理想，从小就养成爱慕虚荣、贪图享受、攀比炫富等不良习惯。然而，财富的多少真的和幸福的程度等同吗？恐怕并不是如此。多少钱算多呢？有了足够的钱还想赚更多的钱，这些欲望驱使着人们无休无止地奔波劳碌，哪里还有幸福可言？文学家巴尔扎克笔下的葛朗台算是一个有钱人了，他守着一堆堆的金币去见了上帝，谁能说他是幸福的呢？幸福并不是取决于钱多还是钱少，这是父母应该告诉孩子的道理。

父母应该告诉孩子，想要更多的钱，无可厚非，只有取之有道，才可以为生活锦上添花，提高幸福感，但切不可沦为金钱的"奴隶"，如果整天为了获取更多的财富而疲于奔命，那就离幸福越来越远了。所谓"知足者常乐"，这是孩子应该铭记的道理。想获得幸福，要以知足的心态面对生活，每个人的幸福各有不同，也许你没有华丽的别墅，却有温馨的家和关心爱护你的家人，这是一种幸福；也许你没有万贯家财，却有千金买不来的健康身体，这也是一种幸福；贫困山区的孩子没有手机、平板电脑，可是他们有大自然做伴，这同样也是一种幸福。

如今国人普遍富裕起来了，如何让孩子正确对待财富，比尔·盖茨和夫人梅琳达的做法值得父母们深思：盖茨夫妇净资产高达六百六十亿美元，他们却没有留给三个孩子，而是决定将全部财产都用于慈善，因为他们认为留遗产"既不利于孩子，也不利于社会"。如果父母留下过多的财富给孩子，难免会在一定程度上助长孩子不思进取、贪图享乐的心理，"守财奴""败家子"这样的人在我们的生活中也并不少见。而美国哈佛大学的一项研究显示，在生活中多去帮助他人，能让自己感到更幸福。

过年的时候，小宇收到了将近三千元的压岁钱，妈妈给小宇开了一个账户，存进了银行。

一天，小宇跟妈妈说："妈妈，我的那些压岁钱我可以自由支配吗？"

"可以啊，但是前提是你得告诉爸妈你准备干什么。"妈妈疑惑地看着小宇，想着这么一大笔钱，可不能让他乱花。

"妈，你别担心，我不会乱花的。你和爸爸平常总教导我，金钱乃身外之物，应该拿来帮助有需要的人，我一直都记得。所以我想把压岁钱捐给贫困山区的孩子，让他们也能跟我一样上得起学。"

妈妈摸了摸小宇的头，欣慰地说："我儿子长大了，知道如何更好地利用财富了，妈妈很开心。"

"妈，其实，我也很开心，因为我能够帮助别人了。我还和那边的孩子成了朋友，这份情谊是多少钱都买不来的。"

父母要告诉孩子，幸福取决于自己的内心，而不是攀比，而且从学习上获得的成就感远比攀比带来的虚荣更让人开心。比房子，比车子，比压岁钱，比来比去心里只剩欲望和虚荣，没有了幸福，一旦人追求的不是如何幸福，而是怎么比别人幸福，幸福也就离你远去了。

幸福其实很简单，只要你能够成就自己，幸福就在你身边。家长必须尽

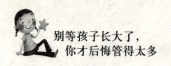
早给孩子灌输正确的金钱观，让孩子学会做金钱的主人，理性地掌控金钱，取之有道，用之有道，这样，孩子才能幸福快乐地成长。

父母独占话语权，孩子容易没主见

"走自己的路，让别人说去吧。"这是意大利文学家但丁的名言，至今，它仍然是青年一代自主自立的口号。它向人们道出了成功的奥秘：成功属于那些有着自己的主见，相信自己、肯定自己，坚持走自己路的人，而与那些人云亦云的从众者无缘。诚然，当代青少年是独立思考的一代，是开拓创新的一代，他们理应走自己的路。但是，父母的唠叨说教、话语霸权，外人的评头论足却在一定程度上成为他们成功路上的阻碍。有些父母为了让孩子少走弯路，就常常对孩子的意见横加指责，替孩子做决定，渐渐地孩子就养成了犹犹豫豫、没有主见的性格，根本走不了"自己的路"了。

小月留了一头秀丽的长发，同学们都夸她的头发好看，小月也很是得意。

一天，小月正在梳头发，妈妈说："小月，把头发扎起来吧，头发披散着把你的脸都遮没了，不好看。"听妈妈这么一说，小玉又仔细端详起自己头发来。

她先把头发扎起来，感觉很不舒服，又把头发散下来，也觉得很别扭。

就这样，小月一会儿把头发扎起来，一会儿又把头发散下来，折腾了一早上，头发扯掉了好多根，最后匆忙梳了一下就出门了，结果还迟到了。在学校里，小月还在纠结着头发的问题：究竟是扎起来好看呢，还是散下来好看呢？结果课也没认真听。

下午放学回到家，小月生气地对妈妈说："妈，都怪你，闹得我都不知道怎么办了！"

妈妈一脸茫然，看着女儿乱糟糟的头发才反应过来，留下一句话："直接剪了去！学习这么紧张，结果还有心思花在头发上！"

由于小月对自己的发型没有独立的想法，所以妈妈的一句话，就让她无所适从，还因此耽误了学习。生活中这种事情常常发生。我们常常因别人无意间的一句话、一个眼神、一个动作，就怀疑自己的初衷，或者改变自己的看法和行动，直接按照别人的意见行事。父母作为孩子最亲近的人，对孩子的影响力可想而知，所以如何尊重孩子的想法和决定，引导孩子的个性发展，让孩子走属于自己的路，是很值得父母深思的。

的确，听话的孩子可以让父母安心，但是如果孩子习惯了听话，长期按照家长的想法去学习和生活，长此以往，孩子的依赖性会越来越强，也就没有了自己的想法。这样的孩子在独立面对世界的时候，就会表现得毫无主见，遇事犹豫不决，迷失了自己。如今的时代，是一个强调个性和创意的年代，有个性、有主见的人才是这个时代所欣赏的人。事实证明，能成大事者，永远是那些敢于喊出自己声音、坚持走自己路的人，而那些人云亦云者注定与成功无缘。

所以，父母应该时常用但丁的名言"走自己的路，让别人说去吧"来鼓

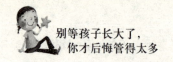
励和支持孩子坚持自己的想法，努力成为一个有主见的人、一个有个性的人。

这样一来，父母应该首先从自身做起，尊重孩子的想法和决定，引导孩子走自己的路。在生活中，父母应该尽量避免凡事以自己的权威压制孩子，剥夺孩子表达和做决定的机会。例如，孩子就某件事表达了自己的看法，父母不能因为其不成熟就断然否定，这会打击孩子的自信心；孩子培养了一些兴趣爱好，像篮球、吉他、绘画等，父母切不可以业余爱好耽误学习的理由命令孩子放弃，因为人们往往是在自己喜欢和愿意坚持的事情上，更容易取得成功。有主见的孩子往往敢于表现自己有别于他人的一面，常常显得偏执而且特立独行。所以，欣赏并且鼓励孩子也是父母应该做的。同时，在培养孩子的独特个性时，父母也应当及时纠正孩子个性中不好的一面，避免使孩子变得桀骜不驯，影响其正常发展。

有时候，走自己的路，就是标新立异，路上少不了别人的评头论足。对于别人的议论父母和孩子应采取什么态度呢？这时候，父母应该告诉孩子：无论你怎么做，都不可能赢得所有人的支持。当你确认了一条路是正确的，而且客观上是真的应该那么做，那么不要在乎别人的评价，特别是一些恶意的嘲讽和诽谤，尽管坚定地走下去就是了。当然，父母善意的批评指导、老师的谆谆教诲、朋友合理的建议与鼓励，陌生人的一句忠告，都是孩子成长过程中必不可少的财富，是需要虚心聆听的。因为很多时候当局者迷，旁观者清，如果只顾自己往前走而不听别人的劝告，很有可能误入歧途。对于别人的言论我们既不能言听计从、亦步亦趋，也不能做个"独行侠"，谁说也不听。

小友非常喜欢音乐，有着一个歌手梦。

妈妈说："唱歌没有出息的，你还是好好学习吧！"

小友回答说："妈，您放心，我不会耽误学习的。但是唱歌是我的梦想，我也不会放弃的。"

"嗯。妈妈相信你！"

爸爸说："孩子，成名的背后可是要付出很多意想不到的艰辛和努力的，你能坚持得住吗？"

小友说："爸，我知道天下没有免费的午餐，我会努力做出成绩给你们看的。"

"儿子，加油！"

有同学嘲笑小友："小友，等你出名了，见着了王菲，帮我带张签名啊！"

小友不理会同学的嘲笑，暗自下决心，一定要坚持走下去。

后来，小友参加了省里的歌唱比赛，获得了第一名，而且他凭借优秀的唱功，还被某个唱片公司看中了。但是小友坚定地拒绝了唱片公司的邀请："谢谢你们赏识我，可是我现在还小，还要以学业为重。但是我会一直坚持我的音乐梦想的，我希望凭借自己的努力进音乐学院深造。希望以后有机会我们再合作。"

高考时，小友如愿考上了自己喜欢的音乐学院。

走自己的路，必须要有坚持不懈的恒心与顽强的毅力。上面事例中，小友就是认定了音乐这条路，凭借他对音乐的坚持，才如愿以偿地考上了音乐学院，离梦想更近了一步。《西游记》的故事大家都耳熟能详，父母不妨用唐僧西天取经的故事鼓励孩子，要有顽强的毅力与坚定的恒心，咬定青山不

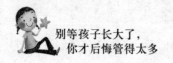
放松，最终才能修成正果。

告诉孩子"生命可贵"的道理

人一生中最重要的东西是什么？也许有人会回答是金钱，是荣誉，是地位，是……可是当生命不存在了，这一切也就失去了意义。生命是宝贵的，每个人只有一次，然而有的青少年却并不知道珍惜，遇到一点挫折，受了一点委屈，就离家出走甚至走上了轻生的绝路。如今，青少年自杀、自残和伤人现象屡有发生，孩子死于自杀或者各种事故的新闻报道令人触目惊心，也给家庭和社会带来了极大的危害。照顾好孩子是每个家长的责任，这些现象的出现也在一定程度上反映了家长对孩子生命教育的缺失。

王丽和张云是某市中学高三学生。她俩有着共同的兴趣爱好，是形影不离好朋友，只是学习成绩在班上常常垫底。一次，她俩上课扰乱课堂秩序，被老师抓住了，因为屡教不改受到了老师严厉的批评，后来老师还叫来两人的家长。

"丽丽你怎么这么不争气！""小云，回家你给我小心点！""这孩子没救了！"……两人的家长当着老师和同学们的面，对两个孩子一顿骂。

放学回家的路上，王丽和张云结伴而行。两个人觉得谁都讨厌她们，前途无望，回家等待她们的同样是父母的打骂，于是萌发了自杀的念头。

"丽丽，父母、老师和同学们都不喜欢我们，我们活着还有什么意思啊？"小云丧气地说。

"是啊，我不想回家了，回家还得受罪！"丽丽哭着说。

"活着这么没有意思，还不如死了一了百了。"

说着，两个人就去市场里买了农药，然后带着"来世还做姐妹"的遗愿喝了下去。后来，中毒晕倒的她们被附近的市民发现，可惜错过了救治时机，两个年轻的生命就这样在被送往医院的路上夭折了。她们的父母为此悲痛欲绝。

青春是最美好的年华，然而两条年轻的生命就这样逝去了。丽丽和小云如此轻视生命，这其中，老师和家长的教育方式不当是造成孩子轻生的直接原因。然而，生命教育的缺失也是一个重要的原因。父母和孩子朝夕相处，更有责任帮助孩子认识并尊重自己的生命，做到珍惜生命、善待生命。

文学家罗曼·罗兰说："人生不售来回票，一旦动身，绝不能复返。"父母应该告诉孩子生命可贵，要尊重自己和他人的生命。因为生命不仅仅是属于自己的，更是父母赐予的，每个人的成长都渗透着父母深深的付出、关怀和爱护，如果孩子只因为成绩不理想就选择轻生，只因为一点冲突就伤人，那将给喜欢自己、关心自己、爱护自己的人带来一生的伤痛。真正的勇士敢于直面惨淡的人生，父母要向孩子反复强调，遇到困难和挫折就选择轻生是懦夫的行为，是愚蠢的行为。生活本身还蕴藏着丰富的宝藏，只有尊重生命、善待生命，才能够报答父母、服务社会，才有机会实现人生价值。

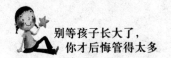
生命本身也是脆弱的。青少年天性好动,爱尝试、爱冒险,特别是有的家长教育方式不当,引起孩子的逆反心理,使得父母不准孩子做的,孩子偏要去做、去尝试。然而,青少年危险意识薄弱,不懂如何保护自己,许多生命悲剧就这样发生了。所以,父母要让孩子感悟生命的宝贵和脆弱,激发孩子尊重、珍惜生命的强烈愿望,掌握自救知识,学会保护自己,远离危险,健康安全地成长。比如,父母应时常叮嘱孩子遵守交通法规,不乱闯红灯,这既是一种文明的行为,更是珍惜和尊重我们彼此生命的表现。生命是脆弱的,事故是偶然的,也是惨重的,父母要教育孩子懂得防范。

生活从来不是一帆风顺的,其中必有荆棘坎坷,关键看我们如何面对。父母要教育孩子有一颗顽强的心:灾难中的人们都对生命如此执着,你又为什么要轻视它呢?父母要让孩子明白,只要有坚定的信念,勇于直面挫折,笑着面对生活,生活中的问题是可以迎刃而解的。遇到如亲人去世、高考失利这些问题,父母可以引导孩子向父母或者亲朋好友述说,寻求他们的帮助,及时宣泄悲伤、痛苦、愤怒等不良情绪,还可以求助于心理医生,消除不健康心态的影响。

在一次交通事故中,小明不幸摔断了一条腿,从此落下终身残疾,只能坐轮椅行动。

为了小明能继续学业,妈妈决定放下工作每天陪小明上下课。

尽管如此,小明内心还是忍受着巨大的煎熬。同学们歧视的眼光,成绩不理想等,深深困扰着小明的内心,使得他一度有了轻生的念头,是妈妈的鼓励与支持挽救了他。

"孩子,妈妈知道你内心的苦,可是你忍心丢下爸爸妈妈不管吗?

你是爸爸妈妈的精神支柱啊！身体是残疾了，可是只要心是健全的，我们一样是好样的！"妈妈时常鼓励小明，和小明谈心。

有孩子欺负小明，妈妈会毫不犹豫地保护他，有人嘲笑小明，妈妈也会据理力争，保护他的尊严。妈妈还带小明参加各种残疾人活动，给他讲各种残疾人成功的故事。渐渐地，小明不再胆怯了，变得有自信了，开始珍视生命享受生活。

每个人的生命只有一次，它是不可复制、不可替代的。如此宝贵的生命，一旦夭折，不仅会危害家庭的幸福，更是社会的损失。或许，在那些被轻视的生命中，就有未来的科学家、文学家和艺术家。所以，家长有责任照顾好孩子，并对他们进行珍爱生命的教育，让孩子懂得尊重生命、珍爱生命、善待生命，从而平安健康地成长。就像有哲人所说的："生命唯因其短，故应把它划入人类最壮丽的文明史中以获得永恒；生命也唯因其短，更要加倍珍惜每刻青春，使它在有限的生命线段内尽可能发出最大的光和热。"这才是对待生命的正确态度。

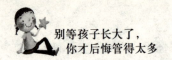

父母常呵斥，孩子难自律

很多父母不相信孩子能真的管住自己，因此经常对孩子呵斥和命令，甚至明确规定哪些事情能做、哪些事情不能做，希望借此来约束孩子的行为，让他们往好的方面发展。年幼的孩子自控力差，父母管束也合情合理，但随着孩子的成长，如果父母还是一味地强行干涉孩子的行为，不但难以让孩子养成自律的习惯，还会让孩子形成逆反心理，父母越不让怎么做，他们越要怎么做。而缺乏自律的孩子，往往易受到外界各种因素的干扰，很难专注完成某件事或达到某个目标，这对孩子成长是十分不利的。

"妈，晚上我想跟同学去广场看演出。"李琼对正在看电视的妈妈说。

"不准去！女孩子家晚上出门多不安全！"妈妈呵斥道。

"我又不是自己出去，还有班里好些个同学呢，夏天这么热你让我待家里干吗呀？"李琼希望妈妈能同意自己的请求。

"你要去我和你一起去。"妈妈冷冷地说。

"妈我知道你是为我好，但我们一帮同学呢，你去算怎么回事嘛！"

"男同学女同学？"妈妈突然转移话题。

"有男有女啊，怎么了？"

"有男生更不能去！现在的小男孩太早熟了，太坏了，你不准跟他们一块玩儿！"妈妈变得严肃了起来。

"妈你想多了，我们才上初中，没你想的那么复杂。再说我们同学也没你说的那么坏啊，妈你电视看多了吧！"

"反正不能去！"妈妈态度很坚决。

"我九点准时回家不行吗？"李琼哀求道。

"不行，跟你说不让去就不能去！"

"妈你太独裁了！"李琼转身气冲冲地跑进了自己的房间。

强行管教对于处于青春期的孩子来说只会让孩子更加叛逆，对孩子独立和自律的养成十分不利。随着孩子阅历的逐渐增加和心理的逐渐成熟，好与坏、对与错他们心中都会有一个评判的标准，在父母的引导下，他们也已经知道了这些标准的度，并非是什么也不知道。青春期的孩子已经知道自己做什么是对的，做什么是有可能犯错的。所以，只要父母相信他们，给孩子足够的空间，有意培养孩子自律的习惯就行了，完全不必强行约束孩子的行为。

播下一个行动，收获一种习惯；播下一种习惯，收获一种性格；播下一种性格，收获一种命运。懂得教育的父母，常常会把一颗颗好的种子，如爱的种子、自律的种子、信任的种子等撒在孩子的心里，让它们在孩子的成长过程中享受阳光雨露的润泽，接受狂风暴雨的洗礼，不断地生根发芽，从而开出自信、漂亮的花。

自律是人的一种基本品质，是人的一种重要能力。自律可以抑制我们去

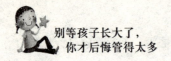
做某件事的冲动，也可以激发我们去做某件事的勇气。拥有良好自律能力的人，往往会把生活和工作安排得井井有条，而缺乏自律的人则经常拖拖拉拉、一事无成。

所以，聪明的父母注重孩子的学习成绩，而智慧的父母培养孩子的自律能力。

父母在培养孩子的自律能力时，要给孩子充分的自由和选择的空间，要学会信任自己的孩子，给他们自主管理的机会，引导孩子自我控制和调节，通过不断强化正确的价值观来帮助孩子确立是非标准。另外，面对孩子，父母要有充足的耐心，不能因为孩子一次两次没有控制住自己就对孩子失去信心，自律意识的培养本身就是一个长期的过程，父母要做好打持久战的心理准备。当孩子做错事的时候，父母要教育孩子学会自我反省，修正自己的行为，强化自律能力。

"儿子，你是不是学会抽烟了？"爸爸问儿子。

"没有啊，你听谁说的？"儿子显得很慌张。

"你们班主任说下午在操场逮到你抽烟了，是不是？还跟爸爸撒谎？"

"哦……爸爸我错了，是小亮让我抽的，真的是第一次，我怕您说我所以……"儿子明显意识到自己做得不对，很是心虚。

"爸爸大概在你这个年龄时也接触到了烟，不怪你，但你要学会控制自己！"

"现在我们班有好几个抽烟的同学，他们觉得抽烟很帅，能吸引女孩的注意。"儿子见爸爸没有想象中那样生气，就和爸爸聊了起来。

"其实他们想错了，女孩大多都不喜欢男孩抽烟的，即使喜欢的也不是什么好女孩，你说对吗？"

"爸爸，我知道抽烟不好，我以后再也不抽了！"儿子肯定地对爸爸说。

"其实你心里并没有觉得抽烟不好，对吧？只是为了敷衍爸爸是不是？"爸爸仿佛看穿了儿子的心思。

"有一点……"儿子承认道。

"这样吧儿子，你去拿张纸，咱们把抽烟的好处和坏处都写下来再决定。"

儿子兴冲冲地跑去拿了纸和笔，父子俩趴在客厅桌上开始了抽烟好坏的比较。

"爸爸，没想到抽烟坏处这么多啊！好处我竟然说不出来几个。"儿子皱着眉说道。

"儿子，你现在看清楚了，接下来要怎么做你也清楚了吧？"爸爸慈祥地笑着说。

"我知道该怎么做了！以后再遇到问题我也用对比法就能看得很清楚了，谢谢老爸！"儿子开心地说。

"这就对了。都这么大的孩子了，要有自律意识，不要跟风，好的坏的需要自己去分辨。爸爸相信你能做好！"

事例中的爸爸是个出色的教育者，如果所有的父母都能如此教育孩子，让孩子学会自律，那么，一定可以真正走进孩子的心里，帮助孩子在遇到问题时深入地进行思考。父母要让孩子自然而然地接受良好的生活习惯，在日

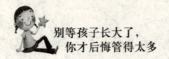

常生活中逐渐养成自律的好习惯。这样不仅能让孩子更加出色地成长，学会自律自爱，还有利于孩子更清楚地认识社会，建立自己的荣辱观，从而更有利于孩子全身心地投入自己的学习和生活。

第九章 说到不如做到，
父母要成为孩子的好榜样

父母性格好，孩子惹人爱

孩子的性格塑造和父母的影响密不可分，这一点从古今中外很多伟人的身上就能看出来。比如，深受其父影响的英国第一位女性首相——撒切尔夫人就是最好的例子。

撒切尔夫人是二十世纪著名的女政治家。当时，撒切尔夫人在英国政坛还十分保守的情况下，不仅连任了三届内阁首相，还在英国的经济、外交、军事等领域取得了辉煌的成就。她的成功并不是偶然的，除了她自身的努力奋斗之外，其成功的主要原因来自于她的家庭。撒切尔夫人从小深受父亲的影响，不管是性格还是气质，她都和父亲很相似。

撒切尔夫人出身平凡，他们家是地道的平民家庭，但其父罗伯茨先生在她小时候就发现，她的性格和气质与自己很相像，这使得罗伯茨先生对她进行了有针对性的培养教育，使她逐渐形成了坚韧不拔、果断刚强的性格，造就了她敏锐的观察力和政治洞察力，最终成了一位让诸多男性政治家都深为钦佩的"奇女子"。

撒切尔夫人的祖上都是平民百姓，她的祖父只是一个普通的修鞋匠，

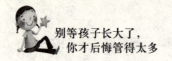
和经济豪门、政治世家一点关系都没有，但她的父亲罗伯茨先生却有灵活的经商头脑，又能吃苦耐劳。因为家庭条件所限，罗伯茨先生没有接受过多少学校教育，但他仍旧凭着自己的双手，打拼出了一片属于自己的天地。一开始，他只是开了一间杂货铺，逐渐地，他将杂货铺的经营范围和规模扩大，成了当地知名的成功商人。

罗伯茨先生是个很热心并且有正义感的人，他一直对政治十分感兴趣，经常参加一些政治活动，经过不懈努力，终于荣登了当地市长的宝座。

撒切尔夫人从小就受到罗伯茨先生的影响，性格和父亲十分相似，热心、大胆、正义感强。罗伯茨先生发现这一点后，认为只要自己细心培养，女儿一定能成为优秀的人才。

于是，他开始有意识地对撒切尔夫人进行锻炼，让她在博览群书的同时，还负责家里的杂务活。在罗伯茨先生的严格培养下，撒切尔夫人六岁就开始做家务，十岁就已经能在杂货铺里帮助父母卖东西了。

起初，她的话很少还有点害羞，罗伯茨先生就鼓励她，让她尝试当众讲话，勇敢表达自己的观点，还让她多参加学校举办的辩论比赛和演讲活动等。慢慢地，她坚韧不拔、果敢刚强的性格被培养出来了。这样的性格让她在成长道路上受益匪浅，让她即使遭受到嘲笑和打击，也从未放弃。最终，她的努力获得了回报，成为英国第一位女首相。

由此可见，一个人的良好性格和成功的荣耀，并非天生就有的，而是和家庭环境以及父母的培养密切相关。撒切尔夫人的父亲罗伯茨先生发现了女儿的特长后，就开始着重培养，让她将自己的性格优势尽情地展现出来，为她后来取得成就打下了坚实的基础。

有研究发现，在家庭环境的影响下，孩子的性格和父母的性格会很相似，父母沉默寡言，孩子的性格也会比较内向；性格开朗的父母培养出的孩子大多活泼好动。因此，在生活中，父母不要只埋怨孩子性格不好，还要了解自己的脾气秉性，在孩子面前要收敛自己的脾性，尽量将优秀的一面展示给孩子，引导孩子向这些方面学习。

那么，父母到底应该如何做，才能将自己好的一面展示给孩子呢？其实很简单，父母双方可以互相监督约束，提醒对方在孩子面前展示优秀之处，避免出现不良行为。

蔡小咏今年读小学三年级，他从小就是个性格乖巧活泼的男孩子，但最近几个月，蔡小咏的父母感觉儿子的性格正在一点点发生变化，不仅笑容变少了，还学会顶撞父母了。

这一天，蔡小咏的爸爸在下班回家的路上看见儿子和一群不良少年在一起玩，火气立马就上来了，二话不说就上前打了儿子一顿，回到家后，还不准儿子吃晚饭，罚他站在门口思过。

妈妈晚上回来的时候看到儿子脸上的巴掌印，心疼地问："这是怎么了？"

"他不学好，我生气打的。"爸爸正在喝闷酒，一边喝一边骂人，还时不时地对桌椅来点"暴力"行为。

妈妈听了事情的来龙去脉后，问蔡小咏："爸爸说的是真的吗？"

蔡小咏说："爸爸都能和黑社会的叔叔当朋友，我为什么就不能和

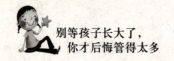
小混混一块玩。"

爸爸妈妈一愣，想了半天才明白这是怎么一回事。

原来，前不久蔡小咏爸爸的老战友来看望他，交谈过程中两个人回忆起当年曾因为一件小事发生过争执。

当时，爸爸回忆道："你当年打输了还说自己是黑社会的，最能扛打。"

"你还说你是拳击王呢。"老战友笑了起来。

再加上蔡小咏爸爸平时说话和举止都有些粗鲁、野蛮，对蔡小咏影响颇深，渐渐地，他的性格与行为也就越来越像爸爸了。

"小咏，妈妈保证爸爸以后不再打你，当你的好榜样，你能答应妈妈以后不再与那些人来往了吗？"妈妈温柔地问。

蔡小咏点了点头。

从那以后，小咏妈妈就开始监督小咏爸爸的行为举止，一有不良的行为出现，妈妈就赶紧提醒他做儿子的好榜样，爸爸也知道自己对儿子的影响有多大，逐渐收敛了自己的不良行为，而蔡小咏也做到了自己的承诺，不再和那些不良少年一起玩，性格渐渐又乖巧了起来。

小咏妈妈有时候也会向小咏父子询问自己身上的缺点，一经发现，立马改正，就怕儿子受到自己的影响，性格变差。

我们都知道，父母是孩子的第一任老师，在孩子的成长过程中，父母对孩子的影响也是最大的。孩子的性格易受成长环境的影响，如果父母没有做好榜样，给孩子一个良好的生活环境，那么孩子就容易产生性格缺陷。

想让孩子拥有良好的性格，父母就应多陪在孩子身边，做孩子的好榜样，向孩子展示父母积极乐观的一面。当父母发现孩子性格方面有问题时，先不要急着打骂，应先从自身寻找答案，改善自己的性格，在孩子面前多表现出自己的优点，收敛自己的缺点，让孩子有法可依，逐渐形成健全的性格。

另外，在孩子性格处于形成初期的时候，父母就要着手向好的一面引导孩子，不能让孩子的性格随性发展。为了培养孩子的良好性格，父母还可以根据孩子的特点专门安排一些小锻炼，让孩子在锻炼中磨炼性格。

父母的训斥让孩子脾气越来越坏

刘亮最近在学校的表现很不好，淘气不说，还总是对同学们发脾气。班长把这个情况告诉了老师，老师就劝刘亮以后少发脾气，控制好自己的情绪，结果刘亮理都不理，鼻子一哼就从老师身边走了过去。

没办法，老师只好打电话到刘亮家，晚上去他家做了一次家访。

"刘亮最近的脾气有点大，是不是家里发生了什么事，影响了他？"老师问。

刘亮的妈妈想不出是什么原因让儿子变得脾气这么暴躁，她摇着头说："什么事也没发生啊，不过他最近的情绪是不太好，在家里也总顶撞我们，真是气死人了。"

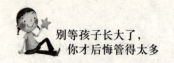

妈妈说着就把刘亮叫过来大声训斥起来，说到动怒处，还拿起了一本书，使劲摔到了桌子上。

"你说你个小孩子嚣张什么，整天乱发脾气，你就不能控制一下自己的情绪吗？你是不是又欠打了？"

"刘亮妈妈……"老师想说话，刘亮妈妈却训得正起兴："一会儿我就给你爸爸打电话，让他回来修理你！"

"刘亮妈妈，您先消消气。"老师把刘亮妈妈的举动看在眼中，渐渐了解了刘亮脾气差的原因。

老师问："刘亮妈妈，您最近是不是有什么烦心事？"

"我？唉，说起最近我是有点烦心事……"接着，刘亮妈妈就向老师倾诉了起来，一边说，还一边大发脾气。

老师听完后，说："我知道刘亮最近情绪不好的原因了。"

"真的吗？因为什么？"

"因为他是受了您的影响。"

刘亮马上点头说："就是，最近我一回家你就劈头盖脸地对我乱发脾气，我这都是遗传的你！"

"你……"刘亮妈妈无言以对，刚想发脾气训儿子，想到刚才老师和儿子说的话，她就忍了下来。

满含歉意地送走老师后，刘亮妈妈越想越觉得事实和儿子说的一模一样，她让儿子多控制情绪，可自己最近何尝不是经常忍不住发脾气呢？

孩子脾气不好，就容易惹父母生气，但是父母想过没有，在教育孩子控制情绪时，自己却对孩子大声训斥，表率作用有没有起到？

其实，孩子就是父母的一面镜子，父母的脾气性格如何，孩子会直接"反射"出来。如果孩子从小就生活在吵闹，以武力解决问题的环境中，他肯定也会受到这种环境的影响，日后在成长和社交中，也会体现出类似的处理方式。

其实，父母对孩子发脾气、责骂，很多时候并不是因为对孩子的所作所为生气，而是受到自己对孩子的期望的影响，控制不了自己的情绪，因此才会把不满和失望发泄到了孩子身上。父母都希望自己的孩子是最棒的，如果孩子达不到这个要求，父母就会对孩子感到失望，因此大发脾气，把坏情绪发泄到孩子身上。而孩子在面对父母的期望时很容易产生巨大的压力，尤其是在遭受到父母的责骂时，更容易产生负面情绪，为了发泄心中的压抑和不满，孩子的脾气也会随之变大，开始顶撞父母，谩骂同伴。

王选从小就聪明好学，父母对他寄予了厚望，他也很努力，每次考试都能拿第一名。但自从升入小学六年级后，学习的压力以及父母的过高期望让他倍感疲惫，每天在学习时都感觉力不从心。

第一次考试失利后，父母不但没有安慰他，反而大声训斥他，这让他的压力更大了，每天都情绪低落，和他人交谈时总是忍不住想发脾气。

渐渐地，王选的脾气越来越暴躁，父母就说："你就不能控制一下自己的情绪，把注意力放在学习上吗？"

王选说："那你们就不能也控制一下情绪，别总是对我发脾气？"

王选的父母没想到他会变成现在这样，对他感到越来越失望，又开始了新一轮的责骂。

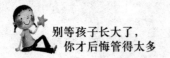
事例中的王选受到来自父母的压力和影响，情绪越来越不稳定，当他指出父母脾气也不好时，他的父母不但不反思自己的行为，反而"开始了新一轮的责骂"，这样做，只能让孩子的性格问题越来越严重。

其实，父母心情不好的时候，可以听听音乐、做点感兴趣的事情转移一下注意力，用这些方法逐渐调整自己的情绪。如果实在忍不住，想要发脾气的时候，一定要避开孩子，待自己消气儿之后，再来解决孩子的问题。如果事例中的王选父母能明白这一点，当对王选成绩下降感到生气时，如果自己先平复下心情，再询问他出现这种情况的原因，用心平气和的态度和孩子交流，并一起寻找解决方法，相信王选在感受到父母友好的一面后，也会向好的方向转变的。

在面对"有脾气"的孩子时，父母首先要做的是和孩子打成一片，尽可能多地了解孩子的思维和想法，站在他的角度去思考问题，对孩子多几分理解，少几分责骂。这样一来，当孩子犯错误时，父母才能以客观的态度去看待问题，帮助孩子改正错误。可见，为了不让孩子变成"脾气王"，父母首先控制自己的脾气，约束自己的行为是很重要的。

优秀父母不让孩子做"笼中小鸟"

孙巧巧最近有些不开心。从她小时候开始，父母就为她报了很多学习班，每天在学校学习完，她回到家后还有一大堆东西在等着她学。看着其他孩子能痛快地在外面玩耍，她觉得自己就像被困在笼子里的小鸟，十分难受，对宠爱她的父母也渐渐有了埋怨。

为了向往的自由，孙巧巧第一次没有听父母的安排，逃课了。晚上踩着时间点偷溜回家后，她随口编了个谎话，就把父母蒙骗了过去。

尝到甜头的孙巧巧为了玩耍，翘课的时间越来越多，终于有一次，让学校的老师逮到了，把这件事告诉了她的妈妈。

孙巧巧的妈妈听说这件事，满脸难以置信的表情，她不敢相信自己的女儿不仅说谎，还逃了课。

但事实摆在眼前，妈妈把她叫到身边大声问道："你为什么要逃课？最近几天是不是学习班也没去？你知道爸爸妈妈为了你花了多少钱，费了多少心吗？爸爸妈妈这么为你着想，你怎么能这么不懂事？"

孙巧巧虽然知道自己做错了事，但一听妈妈训斥的口气，就觉得难受，于是说："我只是想有点时间出去玩会儿。"

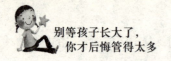
"玩？你现在正是学习的时候，哪有时间去玩，下不为例，现在赶紧去学习。"妈妈"啪"的一声在桌子上拍了一下，说道，"再逃课，我打断你的腿！"

孙巧巧被吓了一跳，大哭着喊道："我不去，我就是要去玩！你们天天让我学习，我每天学得脑子都嗡嗡响，我做错什么了？我就是要去玩，打断腿也要去玩，我再也不要当困在笼子里的小鸟了！"

妈妈从来没见过女儿这么强烈地反驳自己，一瞬间有点发呆，等回过神来时，她想到的第一件事就是打女儿一顿，可巴掌扬起来，却怎么也打不下去。

难道她真的把女儿困在了"笼子"里吗？

很多父母为了不让自己的孩子"输在起跑线"上，就强加了很多负担在孩子身上，比如上面事例中的孙巧巧，每天除了上学就是上学习班，没有一刻喘息的时间，她形容自己是被困在笼中的小鸟。其实，生活中有很多父母都把孩子当作自己的所有物，经常以主人的身份规范孩子的行为，孩子能做什么、不能做什么，父母说了才算。

父母不允许孩子反抗自己的权威，就像对待宠物一样，总是用命令的态度对待孩子，当孩子反抗时，父母不是打、就是骂。这样的教育方式不仅会破坏亲子间的关系，对孩子的成长也会带来负面影响。

其实，在孩子的眼里，很多事物和父母所看到的是不一样的，他们有自己的思维方式，父母不能只以成人的眼光去看待、要求孩子，应该学会换位思考，尝试站在孩子的角度考虑问题，感受他们的心情，与孩子产生心灵的共鸣。那么，父母应该如何学会用孩子的眼光看问题呢?

首先，要多和孩子沟通，语言上的交流能让父母更了解孩子的想法，知道孩子需要什么。

自从那次顶撞后，孙巧巧就和妈妈陷入了"冷战"，两个人除了必要的谈话，每天基本上都不再做其他的交流。出差回家的爸爸察觉到两个人之间的异样，就向妈妈询问，知道了事情的来龙去脉。

他想了想，对妈妈说: "这次出差，我遇到两位老同学，他们的孩子都很优秀，他们却从不为孩子报学习班，他们说想让孩子因为爱学习才学习，不想让孩子那么累。一路上，我也一直在思考这件事，咱们是不是为女儿报了太多的学习班?"

"可是咱们也是为她好啊。"妈妈说。

"但是孩子累不累、喜不喜欢，我们从来没问过她，这样做确实有点太霸道了，今天晚上就问问女儿吧。"

晚上，爸爸妈妈把孙巧巧叫到书房，爸爸开门见山地问: "巧巧，那些学习班，你真的一点也不想去吗?"

孙巧巧并不是所有的学习班都讨厌，像钢琴班、英语班，她就很喜欢。

她如实告诉了爸爸，爸爸听后又问: "那你为什么要逃课，还撒谎骗妈妈?"

"因为我真的很想抽空出去和同学、朋友们玩玩。我现在每天除了学习还是学习，人都学傻了，同学们都叫我书呆子。我真的很羡慕那些能在节假日和父母、朋友出去玩的同学们……而且，我现在学的东西实

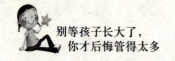
在太多了，我前面听、后面忘，根本记不住老师讲的是什么，如果只学一两样我喜欢的内容，我肯定能学好、学精的。"

孩子真诚的回答让爸爸妈妈颇为动容。

妈妈想起刚刚爸爸说的那些话，觉得自己也应该反思一下自己的行为，看来，平时他们太独断专行，没有为女儿着想，更没有从她的角度出发来看事情。

了解了女儿的想法后，爸爸说服了妈妈，终于把那些没完没了的学习班退掉了一些，只留下了她感兴趣的钢琴班和英语班。这样一来，孙巧巧多出了很多和同学们玩的时间，但很多时候，她和朋友们在一起也是在讨论如何提高学习成绩，所以她的成绩不但没有下降，还提高了一大截。

爸爸妈妈感到十分欣慰，庆幸当初他们肯站在女儿的角度看待问题。

不管什么时候，都是多沟通才会互相理解，父母如果肯花时间多和孩子交流，不仅能增进感情，还能发现孩子优秀的一面。

父母要了解孩子的喜好、兴趣，这样才能更好地了解孩子的思维方式与行为习惯，给予正确的教育，引导孩子健康成长。

但是，父母和孩子想要互相理解并不是件容易的事情。在孩子的眼中，父母总会摆出高高在上的姿态，让孩子不敢和父母交流。这个时候，父母要先做到和孩子相互信任。当孩子缺乏对父母的信任后孩子就会抵触父母，也可能会发生父母误解孩子的情况，让亲子关系越处越僵。因此，无论何时何地，父母一定要信任自己的孩子，站在孩子的角度去思考问题，不把父母的意愿强加在孩子身上，也不强迫孩子做不喜欢的事情。

过多的压力很可能会让孩子"不堪重负"，父母在考虑如何把孩子培养成栋梁之材时，还要把孩子自己的兴趣爱好考虑进去，多征求孩子的意见，让孩子在轻松的氛围中快乐成长。

做孩子的表率，父母也要知错就改

我们常说"知错能改，善莫大焉"。人活在世上，都会有犯错的时候，我们经常鼓励孩子勇于承认自己的错误，但如果是父母犯了错，该不该向孩子道歉呢？

欣欣妈妈下班回家就看见房间里被翻得乱七八糟，她吓了一大跳，还以为家里遭贼了，确定家里没少任何东西，她才松了一口气，冷静下来后，她想，肯定是女儿又乱翻东西了，把家里弄得这么乱。

她越想越生气，坐在沙发上等女儿回来。

欣欣在同学家写完作业才回的家，刚进家门就听妈妈生气地问她："又去哪玩了，这么晚才回来？"

欣欣说："我去同学家写作业了。"

"又撒谎！"妈妈想起以前有一次女儿也说去同学家写作业，结果

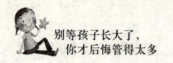
竟然在公园里看到了她，顿时心里更气了。

"说，你为什么要把家里弄这么乱！"妈妈指着房间责问道，"是不是偷家里的钱了？"

欣欣听了委屈极了："我没有，我真的去同学家写作业了。"

"还不承认，欠打是不是？"妈妈说着，还真拿出了鸡毛掸子，向她挥了两下。

欣欣吓得眼睛赶紧闭上，过了一会没感觉到身上传来疼痛感，才松了一口气，但心里的不满和委屈越来越多，不由得大声喊了出来。

她说："我说没有就是没有，爱信不信，有本事你就打我啊。"

这句话彻底激怒了妈妈，鸡毛掸子狠狠落在了欣欣身上，欣欣哭着跑回了自己房间。

晚上爸爸下班回家后就问："女儿今天怎么了？眼睛红红的，谁惹她哭了？"

"我打的。"妈妈此时也有些后悔，她觉得自己当时太冲动了，女儿很少撒谎，只有一次偷偷拿了家里的钱去买课外书，事后也承认了自己的错误，保证再也不那样做了，她相信女儿不会再犯的。

妈妈把事情的经过讲给爸爸听，爸爸听后突然站起来说："错了，错了，今天中午我回来过一趟。"

"啊？那房间是你弄乱的？"

"对，有一份很重要的文件我放在了家里，结果不知道放到哪了，因为时间紧迫，找到后我也没来得及收拾房间就出门了。"

"这……"妈妈一阵心虚，原来还真是冤枉女儿了啊。

　　不管是大人还是孩子，每个人都会有犯错的时候，犯了错就要勇于承认，并向对方道歉，但是，很多时候父母却不会这样要求自己。当孩子犯了错，父母就会严厉地批评和教育，并让孩子承认自己的错误，但反过来时，父母却碍于家长的权威不愿向孩子道歉。父母的这种做法不仅忽视了孩子的感受，还为他们树立了不好的榜样。所以，父母犯错时，也要向孩子道歉。只有给予孩子充分的尊重和理解，才能更好地教育孩子。

　　欣欣妈妈知道真相后很后悔自己打骂女儿的行为，她先是把房间收拾整齐，然后做了女儿最喜欢吃的红烧肉，打算用美食哄哄女儿。但这次欣欣仿佛真的伤了心，不仅没吃妈妈做的红烧肉，还不理妈妈，饭桌上的气氛十分压抑。

　　"我都主动示好了，她到底想让我怎么样？"晚饭后，妈妈沮丧地问爸爸。

　　爸爸想了想说："你有没有向她道歉？"

　　"我向她道歉？为什么？"

　　"因为你不仅冤枉了她，还打了她啊。"

　　"可是……也不用我向她道歉吧，她是孩子，挨下打不是应该的吗？"妈妈有些心虚地说。

　　爸爸摇了摇头，说："王子犯法还与庶民同罪呢，你以为你是长辈就可以不用承认自己犯下的错吗？"

　　"我……好吧，我去道歉总行了吧。"妈妈也想早点和女儿和解，

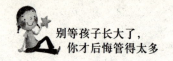
只好深吸了一口气，敲开了欣欣的房门。

"欣欣，作业做完了吗？"妈妈先问。

"嗯。"欣欣小声应了一声。

妈妈趁机说："今天是妈妈误会你了，那个……妈妈是来向你道歉的……"

"道歉？"听到妈妈这样说后，欣欣终于有了反应，睁大了眼睛看向妈妈。

妈妈点点头说："对不起，今天是妈妈错怪你了，让你受了委屈。"

欣欣又惊又喜，眼泪瞬间就掉了下来，心里的委屈一下子消解了："妈妈，谢谢你。"

别看孩子的年龄小，但他们也渴望得到他人的尊重，尤其是来自父母的理解和支持。在日常生活中，父母不合理的训斥会伤害到孩子的自尊心，更何况是父母的误解和错怪呢？因此，当父母错怪孩子的时候，一定要向孩子道歉，用自己的实际行动取得孩子的谅解，同时也为孩子树立起榜样，让孩子学会知错就改的道理，当他们犯错的时候想到父母会主动认错，就不会以逃避的态度来面对了。这是尊重孩子，更是尊重自己的行为。

其实，不只是父母错怪孩子的时候要道歉，当父母失信于孩子的时候，也一样要向孩子道歉。比如，父母明明答应要带孩子出去玩，却没有实现承诺；父母说要给孩子买玩具，最后却敷衍了事等。在日常生活中，父母失信于孩子的情况很多，有时候是有意敷衍，有时候却是无意的，但不管是什么情况，都会让孩子感到失望，甚至会不理解父母为什么要失信于自己，并和父母闹情绪，要赖、哭闹一番。这个时候，如果父母能及时向孩子道歉，并做出一定的补偿，这样才能在孩子心中树立一个良好的形象。

和孩子一起快乐劳动

吃苦耐劳是中华民族的传统美德，热爱劳动的孩子更易学会独立和坚强，但是现在的很多孩子都被父母捧在手心里，家务活不会做，自己的事情不会打理，更不要提享受到劳动的快乐了。很多时候，孩子的懒惰和不爱劳动，还是受父母影响所致，有的家长自身也有懒惰的毛病，孩子自然有样学样，变得不爱劳动了。因此，作为父母，除了不要剥夺孩子劳动的权利之外，还要带头参与到劳动当中，让孩子体会到劳动的快乐。

李克是一名有点大咧咧的男孩，每次出去玩都会弄得全身脏兮兮的才回家，他也不在意别人诧异的目光，反正每天回家就把脏衣服一脱，交给妈妈去清洗。

这一天，妈妈生病了，看着他的脏衣服说："这是夏天的衣服，很容易洗的，你去接点清水自己洗吧。"

"我不会。"没想到李克拒绝了妈妈的要求，还理直气壮地说，"一直都是妈妈洗的，反正我还有其他衣服，妈妈你先好好养病，等病好了

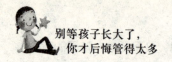
再洗。"

李克妈妈听了儿子的话后哭笑不得，说儿子不懂事吧，他还知道让自己养病，说他孝顺吧，都不肯自己动手洗洗衣服。

这件事之后，李克妈妈开始留意起儿子的举动来，渐渐地，她发现，儿子虽然性格随和，却很懒，不爱劳动不说，连他自己的事情都处理不好。

周末的晚上，一家人刚吃过晚饭，李克突然想起来明天上学的课本还没有整理好，就回屋收拾，没一会儿，又哭丧着脸出来了。

"妈妈，你帮我整理一下课本吧，我塞不进书包。"李克说。

妈妈进房间一看，书本摆放得乱七八糟，这样能塞进去才怪呢。

"你是怎么整理的？大书和大书一块整，小书最后再放进去，这样有什么难的？"妈妈无奈地说。

"我就是不会嘛，反正有妈妈帮我整理。"

妈妈听后觉得很生气，便把书本一甩，不管了，说："自己的事情自己做。"

"可我不会啊。"

"不会就学，学不会就让你爸来教你，看你会不会。"妈妈撂下了狠话。

李克没想到平时宠爱他的妈妈会训他，愣了一下后竟然闹起了脾气，拿起塞不进去的书就撕了起来，妈妈生气地打了他一顿。

闻声而来的爸爸赶紧把两个人分开，问清了事情的来龙去脉后，对他们说："你们两个啊，都有错！"

"我让他自己动手做事，怎么还是我的错了？"妈妈生气地说。

爸爸笑道："你当然有错，从小你就不让他做事情，他不喜欢劳动，自然处理不好自己的事情。而且你自己平时也有些懒散，每次下班回来就喊累，把家务活都交给我，孩子有样学样，当然也偷懒把事情交给你做啊。"

几句话说得李克妈妈脸色通红，想想平时她的确总是把家务活推给李克爸爸，顿时有些心虚。

这时候李克也点头说："就是，妈妈能把家务活推给爸爸，我为什么不能把自己的事情推给妈妈你呢？理亏还打人……"

妈妈顿时哑口无言。

孩子在小的时候，其实有很强烈的动手欲望，但是父母总是担心孩子太小，做不好事情，从而扼杀了孩子的劳动机会。时间一长，孩子就养成了懒惰的习惯，再也不喜欢动手做事了。比如，当孩子想动手拿勺握筷时，父母害怕孩子烫着自己，就不让孩子动手。渐渐地，孩子就对父母产生了强烈的依赖心理，认为任何事都有爸爸妈妈去做。

其实，家长们完全可以不必担心这些事情。正所谓熟能生巧，如果不让孩子练习，何来的熟，何来的巧呢？习惯是从小养成的，如果小时候他就没有劳动的习惯，长大后再要求他去做家务活、处理自己的事情就会很困难。所以，父母应该从小就锻炼孩子的动手能力，让孩子体会到劳动的快乐和光荣。

另外，如果父母自己就经常逃避劳动，懒惰的习惯也会影响到孩子，让孩子认为劳动就是件苦差事，一点意思也没有。所以，当孩子懒惰不愿劳动时，父母要反思自己的日常行为，是不是也在家庭中表现得很懒散，向孩子灌输了错误的劳动观念。

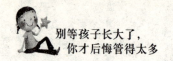
　　小敏从小就喜欢在厨房玩，爸爸做饭的时候她就在一旁捏个面团，择个菜叶，玩得不亦乐乎。但自从有一次她险些被开水烫着后，小敏的爸爸妈妈就再也不让她进厨房了，其他的家务劳动也很少让她动手去做。等小敏长到十二三岁的时候，爸爸妈妈发现小敏的自理能力很差，连自己的袜子都洗不干净。

　　小敏的爸爸妈妈觉得她越来越大了，也应该学着做些家务活了，但每次她都会说："反正妈妈也不会做饭，以后我也找个会做饭的男人嫁了不就行了。"

　　一句话让小敏妈妈羞得抬不起头来，想骂孩子又不知道该说些什么。

　　小敏爸爸这时候突然想起来女儿从小就对做饭感兴趣，于是他问："爸爸最近就会教妈妈怎么做饭，你从小不是就对做饭感兴趣吗？要不要跟着爸爸一起学？"

　　小敏一听马上来了精神："真的？我真的可以学做饭吗？"

　　"当然可以。"

　　"而且妈妈也会跟我一起做爸爸的学生？"

　　"这……"妈妈有些为难，但看着女儿期望的眼神，又不得不点头，"是的，妈妈也想为宝贝小敏做饭吃啊。"

　　"好，我要学。"

　　从那天开始，爸爸每天都会教小敏一些厨房的家务事，择菜、洗碗、刷锅，小敏越做越顺手，听到爸爸夸奖她比妈妈聪明能干时，她别提有多高兴了，连带地也喜欢参与其他的劳动了。

在指使孩子动手劳动时，很多父母都会感到头疼、生气，因为不管你说什么，孩子说不干就是不干，父母的批评根本起不到多大效果。其实，当孩子想做某件事的时候，他的动手能力是最强的，父母可以根据这一点，依据孩子的兴趣爱好，为孩子"量身定做"一些劳动任务。如果孩子喜欢组装玩具，就让他帮忙整理书架，把各种各样的书"组装"进书架中；如果孩子喜欢玩水，父母就可以教他如何在水中"玩"衣服、碗筷等东西。不要怕孩子会受伤或者摔坏东西，当孩子完成一项劳动任务时，父母更不要吝啬自己的夸奖，要真心地称赞孩子，给予孩子肯定和鼓励，让他爱上劳动，充分体会到劳动的快乐。

以身作则，帮助孩子远离烟酒

十三四岁的孩子正是受周围环境影响最大的时候，尤其是男孩，对一些不良习惯最容易因好奇而产生兴趣，比如抽烟喝酒。而且很多时候，孩子抽烟喝酒和父亲的影响有很大的关系。当父亲抽烟喝酒被孩子看见时，孩子就会觉得父亲很有男人味，因为这个年龄的孩子总是向往快快长大成人，所以他们就会模仿父母的行为习惯，偷偷去学抽烟和喝酒。有时候则是孩子周围的朋友都会抽烟喝酒了，他们觉得如果自己不会是很没面子的事情，于是也

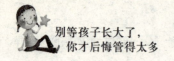
就逐渐沾染上了这些不良习惯。

在孩子的世界里，他们所做的一切大多是觉得"酷"，能让自己看起来像个大人，他们并不知道抽烟喝酒会对他的身体造成严重的危害。所以，父母在发现孩子抽烟喝酒后，如果一味地训斥，并不能让孩子了解烟酒的危害，也不能让孩子远离它们。而且有时过于严厉的批评还会引起孩子的逆反心理，更加频繁地去尝试。

所以，当父母发现孩子的坏习惯后，除了要及时纠正外，还要以身作则，为孩子做个好榜样，有技巧地教导孩子远离烟酒。

　　王冲有一个聪明帅气的儿子，每每谈论起儿子，他就觉得十分自豪，但自从儿子升入初中后，他隐隐感觉儿子身上发生了一些变化。直到有一天王冲看到儿子在楼道里偷偷抽烟，才知道问题出在了哪里。

　　"我希望你能给爸爸一个解释。"王冲严厉地说。

　　儿子见秘密暴露，吓得赶紧丢掉了手里的烟头，支支吾吾不敢抬头说话。

　　"小小年纪竟然学会抽烟了，你是不是皮痒想挨打了？"儿子乖孩子的形象瞬间在王冲的脑海中倒塌，他生气地把儿子拽回了家，真想找根棍子好好修理他一顿。

　　儿子下意识地紧绷了身体，小声嘀咕道："爸爸你自己不是每天都要抽上一两根吗？我现在也算是个大人了，你能抽，为什么我就不能抽？再说了，学校里很多男同学都会抽烟，我还想学喝酒呢。"

　　王冲听儿子说还想学喝酒，更加生气了，刚要动手揍他，老婆李燕拦住了他。

李燕说："儿子说得对，你能抽烟喝酒，为什么他不能？"

"妈妈……"儿子激动地看向妈妈，王冲则一脸难以置信，这还是平时严厉地督促他戒烟戒酒的老婆吗？

"身为父母，就得以身作则，做孩子的好榜样，既然你这个爸爸不能戒烟戒酒，那就不能要求孩子做连你都做不到的事情。"李燕说。

王冲这才明白过来，老婆这是一箭双雕啊，既教育了儿子，又让他不得不狠下心来戒烟戒酒。

"好！"他狠下心一咬牙说，"从明天……不，从现在开始，我就戒烟戒酒，如果我能做到，儿子，你是不是也能答应爸爸远离烟酒呢？"

"……"儿子有些犹豫，但想起刚刚妈妈说的话，他觉得很有道理，于是就点了点头说，"我答应爸爸，如果你能戒烟戒酒，以后我肯定不碰那些东西，用功学习。"

就这样，在妈妈的"神机妙算"下，一场家庭"危机"顺利解除，爸爸也如自己所说，当天就把烟酒锁进了柜子里，妈妈和儿子一块儿监督他，他为了教育儿子，一连两个月，还真的滴酒不沾，一口烟没吸。

儿子见爸爸这么努力，自己也下定了决心，不管身边的朋友们怎么劝他，他都没再碰过烟酒，每天用功学习，成绩连连提升，王冲和李燕看在眼里，别提多高兴了。

抽烟喝酒对孩子的身体健康危害很大，二手烟尤甚。如果孩子长期处于二手烟的环境中，不仅会让孩子的体质变弱，还会影响孩子的智力发育，使

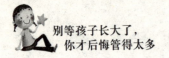
孩子记忆力下降，大脑反应变迟钝。

父母通常都知道抽烟喝酒对孩子的危害，但却不注意自己的行为，当着孩子的面大肆抽烟酗酒，尤其是节假日的时候，亲朋好友汇聚一堂，父母的行为直接影响到孩子，让他们对抽烟喝酒产生浓厚的兴趣和好奇心，忍不住就会偷偷尝试。

父亲是一家之主，也是孩子最尊敬和模仿的人物，在孩子的心目中，父亲的一切行为都十分具有男子汉气概，是值得他学习的。所以，受到父亲的影响，孩子很容易就会染上抽烟喝酒的坏习惯。当父母发现儿子有抽烟喝酒的不良习惯后，千万不能一味地严厉批评，甚至是运用"武力"来逼迫孩子戒烟戒酒，这样做往往会出现反效果。

父母应该先把抽烟喝酒的危害告诉孩子，再以身作则，像事例中的王冲一样，自己先把烟酒戒掉，给孩子起个表率作用，帮助他远离烟酒。

另外，父母还可以用真实的事例来教育孩子，让孩子了解烟酒的危害性，使他自觉远离烟酒。

李辰读初中不久，发现很多男同学和爸爸一样，都会抽烟，他觉得好玩，也想变得和爸爸一样像个男子汉，渐渐地也开始躲着父母抽起了烟。不过这个秘密没藏多久，就被爸爸妈妈发现了，他以为会受到严厉的批评，没想到爸爸听他说了抽烟的原因后，竟然向他道了歉。

"对不起，儿子，爸爸没想到自己的行为会对你有这么大的影响。但是，抽烟是件不好的事情，爸爸不会打你，也不会骂你，爸爸会陪着你一起戒烟，怎么样？"

"我觉得抽烟的爸爸很帅啊，怎么会不好呢？"李辰问。

妈妈早就想让爸爸戒烟了，她想了一下说："妈妈去准备一些东西，等一会儿就告诉你为什么抽烟不好。"

不一会儿，妈妈抱着一个小鱼缸回到了家，鱼缸里还游着几条活泼可爱的小金鱼。

"妈妈，我们要养鱼吗？"

"对，我们要教小鱼怎么抽烟。"妈妈说完，就让爸爸点燃了一根香烟，抽到一半的时候，把烟浸到了鱼缸里。

李辰就看见小金鱼先是变得十分兴奋，快速游动，后来动作却越来越慢，最后肚皮一翻，死了。

"妈妈……"李辰十分震惊，怎么会变成这样呢？

"这就是抽烟的危害，你爸爸总是咳嗽，身体不好，也和抽烟有关，我早就想让他戒烟了，这次你们就一起努力吧。"

"好，我们一起戒烟，儿子，你要监督爸爸啊。"

"嗯，我再也不抽烟了。"李辰态度坚决地说道。

当父母发现孩子有抽烟喝酒的坏毛病后，不要急着打骂孩子，要先从自身寻找问题的答案，然后用事实说话，让孩子了解抽烟喝酒的"下场"是很可怕的，比如事例中李辰的妈妈就用小金鱼做试验，受到香烟刺激的小金鱼慢慢死去，这样的事实会让孩子感到十分震惊，也会增加他戒烟的勇气和决心。

第十章 理性对待孩子的坏习惯

小偷小摸是个"大"问题

一些孩子有小偷小摸的习惯，他们并不是有意要去偷东西，只是一种坏习惯在作祟。孩子的这种行为虽然不是什么大错误，但是如果家长不及时制止，就会埋下很大的隐患。

最近，妈妈的钱包里总是无缘无故地丢钱，不是十块就是八块。妈妈一直想不通："难道家里进贼了？"

"家里怎么会有贼呢，你是不是花了，然后又忘记了？"爸爸问道。

"没有啊，这两天我都没买东西，一定是有贼。"妈妈肯定地说。

"可如果有贼的话，为什么不把钱全偷走，而是只拿一部分呢？"爸爸又问。

妈妈想了想，还是不知道原因是什么。直到有一天，妈妈发现自己的儿子像贼一样偷偷跑进房间，没一会儿又悄悄出去后，才有所醒悟。

"难道是儿子拿的？"虽然妈妈大概了解是怎么一回事了，但她还是不敢相信自己的儿子会做出小偷一样的行径。

为此，妈妈故意安排了一场戏，想看看儿子到底是不是家里的"贼"。

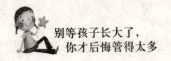
周末，妈妈随手把钱包放在了饭桌上，假装去厨房忙活，然后又悄悄躲在了厨房门后，从门缝里观察饭厅里的动静。

五分钟过去了，饭厅里没有任何动静，妈妈想：可能是我搞错了，儿子应该是无辜的，我真是的，有点大惊小怪了。正当妈妈准备放弃时，儿子房间的门轻轻打开了。

妈妈仔细看了看，发现儿子出现在了饭厅里，探头探脑的，然后又轻手轻脚地来到了饭桌前，东瞧瞧，西看看，确定没人后，迅速地拿起了桌上的钱包，从里面抽出了两张十块钱的纸币，之后便把钱包放回原处，迅速地跑回了房间。这一系列动作简直就像个专业小偷一样。

吃饭时，妈妈装作不知道这件事，随口说道："最近真是很奇怪啊，放在钱包里的钱总是少，今天少五块，明天少八块的，真是愁死我了！"

"又少了啊，你真的确定不是自己花掉的吗？"爸爸问道。

妈妈没有说话，只是看了看儿子，只见他先是惊慌了一下，可是听到爸爸的话后，他赶紧附和道："妈妈，肯定是你记错了。"

"是吗？也许吧，最近妈妈的记性是不太好。"妈妈说完，儿子明显松了一口气，心情顿时好多了，然后大口大口地吃起饭来。

"儿子，吃饭之前你是不是来饭厅了？"妈妈轻声问。

"啊？"儿子吓了一跳，连忙摇头，连筷子都差点掉了。

"而且好像还动了一下妈妈的钱包？"

"没，没有啊。"儿子看起来很紧张。

"这样啊，难道咱们家还有其他的孩子？"

"可能是吧……"

"你以为妈妈没有看见吗？还敢撒谎！小小年纪竟然学会偷钱了！说，在外面是不是也偷过别人的东西！"妈妈生气地拍了一下桌子，把儿子吓得一句话也不敢说，连爸爸也不敢接话了。

"妈妈，我……"儿子红着脸低下了头。

"我什么我，看我怎么教训你！还当上小偷了，以后怎么得了！"妈妈大声嚷道。

"老婆，事情应该没有这么严重，你冷静一点。"爸爸劝道。

"还冷静，再冷静你的儿子就要进监狱了！"妈妈生气地说。

"这，真的没有这么严重……"爸爸还没有说完，妈妈已经拿起笤帚打在了儿子的屁股上。儿子哇哇地哭了，嘴里喊道："我不敢了，妈妈，再也不敢了……呜呜……"

孩子小偷小摸的行为比较常见，尤其是十岁以前的孩子，随着年龄的增长，这种行为会逐渐消失。教育专家经过研究发现，孩子之所以做出这样的行为，是因为他们对金钱等已经有了一定的欲望，很希望自己是个"有钱人"，但是他们没有能力赚钱，所以只能从父母的钱包里偷。虽然他们知道偷东西不对，却没有足够的意志力控制自己的行为，所以会屡屡犯错，家长不能放任不管。只是教育方式不宜效仿事例中的这位妈妈，尽量温和地引导孩子改正错误，否则会给孩子留下阴影。

现在很多家庭都只有一个孩子，所以很多孩子都是在父母的宠爱下长大的，孩子要什么家长就给什么，在这样的情况下，孩子应该无所求了才对，但其实并非如此。物质水平提高的同时人们的欲望也在膨胀，孩子也是如此。

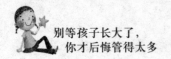
比如，他们不满足于数量已经很多的玩具，要追求更高端、更时尚的，如果家长不给予满足，他们就开始小偷小摸。这种行为是必须及时纠正的，否则后果将不堪设想，因为小时候的小偷小摸会造成成年后的违法乱纪。为了孩子的将来，父母必须及时制止。

孩子有了小偷小摸的行为后，家长不应该有过激的反应，比如大发雷霆、痛打孩子或者当众数落孩子，因为这样不但解决不了问题，还有可能让孩子自暴自弃，更喜欢偷窃。所以，当家长发现孩子有偷窃行为时，应该保持冷静，先找出诱因，然后再根据具体情况，有针对性地给孩子分析问题，引导孩子认识错误、改正错误。

了解了孩子偷窃的原因后，家长就要根据实际情况进行适当的批评教育了。首先要坚持正面教育，向孩子讲明这种行为的坏处、会引发的后果等，然后再鼓励孩子改正错误。如果孩子偷的是别人的东西，那首先要让孩子物归原主，并且向对方表示诚挚的歉意，然后再对孩子进行教育。另外，在孩子认识到错误以后家长也要暗中观察一段时间，因为孩子可能一时很难彻底改掉，中间会出现反复，所以家长要时常注意，一旦发现迹象要及时提醒，这样才能帮助孩子彻底改掉小偷小摸的坏习惯。

给孩子营造一个文明的语言环境

我们都说有其父必有其子，父母是什么样子，孩子大概也会是什么样子，不过，在说脏话这一点上这句话就不准了。因为有的家长很文明，从来不在孩子面前讲脏话，孩子却脏话连篇。而且很多家长都说不出口的脏话，孩子却能当作口头禅一样说出来，家长们不免疑惑，心想："这孩子，都是从哪儿学的？"

究其原因，是因为孩子们接触脏话的渠道有很多，比如学校等公共场合、荧屏上、网上等，就算家里的环境很好，孩子出去也会受到影响。所以让孩子不说脏话或者改掉说脏话的毛病并不是很容易，但也不是无计可施。

小淘不知道从什么时候开始学会了说脏话，一次，她犯了错误，妈妈不过是训斥她一句，没想到小淘居然生气地说："放屁，我根本没错！"

"小淘……你刚才说什么？"妈妈以为自己听错了，又问了她一遍。

"我说你放屁，我刚才没有做错！"小淘理直气壮地说。

"你居然说脏话，谁教你的，太不像话了！"妈妈训斥道。

"说脏话怎么啦，这不是很正常吗？不说才不正常呢！"小淘觉得

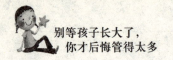
妈妈很老土，留下这句话后便做自己的事去了。

妈妈仔细想了想，好像小区里的孩子都会说脏话，而且相比较之下小淘还算文明的。"可能是我太敏感了。"妈妈淡化了这件事情的严重性，并没有太过追究。但很快，妈妈发现小淘说脏话的水平竟然升级了，而且情况越来越严重。

晚上一家人坐在一起看电视，当剧情发展到有个坏蛋在做坏事的时候，小淘张口就来了句："王八蛋，真他妈不是东西！"

妈妈吓了一跳，扭头问道："小淘，听听你都说了些什么！"

小淘指着电视上那个人说："我在说这个人真他妈浑蛋，要不然怎么能做出这种禽兽不如的事情来呢，浑蛋！"

"你现在越来越不像话了！"妈妈生气地看向女儿，不明白她现在怎么变成这样了。妈妈猜想，女儿在学校里可能是一个张口就骂人的小太妹，为此非常揪心。

"妈妈，你真无聊，像这种浑蛋，就欠骂。王八蛋！"小淘并没有觉得自己有什么不对，依旧指着电视愤愤不平。

"小淘……你注意自己的言辞，一个女孩子家家的，怎么张嘴闭嘴都是脏话呢！"妈妈生气地教训道。

"妈妈，别小题大做了，现在说脏话已经不是什么错误了，干吗那么紧张。而且说脏话的时候感觉好极了，又解气又顺心。"小淘得意地说。

妈妈虽然很生气，但看着女儿一副无所谓的样子，一时也不知道该怎么办才好。

一般说来，孩子第一次说脏话的时候父母都会感到错愕、愤怒，会马上纠正孩子的错误，甚至会狠狠地教训孩子一顿。但是，如果惩罚的方法不当，孩子就改不掉这个坏习惯，当孩子口中的脏话越来越频繁且越来越不堪时，大多数父母就都会像事例中的妈妈一样不知所措，有的家长甚至还会无奈之下听之任之。习惯一旦形成，想要改掉就有很大的难度了，所以父母不应放任孩子的坏习惯，当听到孩子说脏话时，必须及时纠正，否则会给将来的教育带来很大的麻烦，也会影响孩子的文明形象。

孩子在成长中有一个脏话敏感期，在某段时期内会格外喜欢说脏话，这是一个很正常的现象。但是，如果家长不及时制止，就会让孩子养成爱说脏话的坏习惯。而这一坏习惯可能会伴随孩子的一生，给孩子带来一些不必要的麻烦。

想要让孩子不说脏话，家长首先要以身作则，提高自身的修养，不论是在家里还是外面，都要注意自己的言辞，不随意说脏话、粗话，而且态度要和气，给孩子营造一个文明、礼貌的语言环境，让孩子在潜移默化中受到熏陶。而且父母要注意教育孩子说话时使用礼貌用语，这样不但能帮助孩子改正说脏话的坏习惯，还可以净化孩子的成长环境。

当孩子说脏话时，家长应该告诉孩子，说脏话是一种不良行为，是对别人的不尊重，甚至是一种侮辱。而且还要让孩子明白，说脏话并不是一件很有趣、很有面子的事，它会引起别人的反感，会让自己显得粗鲁，从而被别人疏远。了解说脏话的诸多坏处之后，孩子就会有意识地慢慢改正自己的错误，而这样比被父母天天训斥着改正要有效得多。

当孩子习惯说脏话时，家长可以利用语言的灵活性，教孩子用一些文明

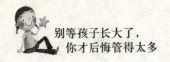
又能表达强烈情绪的词语来替代脏话，并且长期监督孩子使用替代词来表达情感。一段时间后，孩子说脏话的毛病就会慢慢改掉了。

如果孩子有较长时间的说脏话史，父母就不能奢望孩子会在短时间内改正了。这时候可以采取强化法，规定孩子每天说的脏话不能超过多少句，如果孩子做到了就给予一定的奖励，一段时间后再减少脏话出现的频率，直至孩子的不良习惯消失。这种教育方式的效果一开始不是非常明显，而且速度较慢，不过能够帮助孩子彻底改正坏习惯，所以家长要有足够的耐心。

孩子爱撒谎，问题很复杂

撒谎似乎是人的天性，哪怕是天真无邪的孩子也会撒谎，而且如果孩子第一次撒谎没有被发现的话，他就会错误地认为撒谎是一件很正常的事情，而且能给自己带来一定的好处，于是就慢慢养成了爱说谎话的坏习惯。

当家长发现孩子撒谎时，一定要及时加以纠正，让孩子认识到撒谎是错误的行为，否则会影响孩子的人格形成，给孩子未来的生活带来不良的影响。

又是星期一，晓月很不想起床，一想起又要上一个星期的学她就头疼。

"晓月，快点，要不然会迟到的！"妈妈开始催她了。

"哎呀，烦死了，我今天不想去上学，谁规定人必须要上学的，真烦人！"晓月在床上翻来覆去，就是不肯起床。

"好了，上个学有这么痛苦吗？我还要上班呢，比你痛苦多了。快点，要不然真的迟到了，想罚站啊？"妈妈一边准备早餐一边说。

"罚站就罚站，有什么大不了，反正我就是不想去上学！"晓月还是在耍赖。

"快点，别成心捣乱了，妈妈一大早起来就要给你做饭，容易吗？"

"好吧，我起来……"晓月听妈妈说得可怜，这才从床上爬起来，磨磨蹭蹭地穿衣梳洗、吃早餐，然后背着书包去上学。

上午九点，正在工作的妈妈突然接到学校的电话，说是晓月在学校突然晕倒，已经送进了医院。

妈妈着急地赶到医院的时候，晓月已经清醒了。"医生，我的女儿没事吧？"妈妈问道。

"没什么问题，不用担心，可能是学习压力太大了。"医生简单地说。

妈妈听后这才放心地带着女儿回家了。

回家的路上，晓月非常高兴，说："太好了，今天不用上学了。"

妈妈笑着说："你这个孩子，上学比生病还难受啊？"为了安慰生病的女儿，妈妈特意买了晓月最爱吃的酸奶和薯片带回家。

回到家里，晓月就像重获自由一般，活蹦乱跳，别提多精神了。看着高兴的女儿，妈妈心里突然产生了一个想法："女儿说自己生病了，是不是故意骗人的，只是为了不去上学而已？"

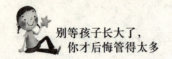
"晓月……"

"怎么啦，妈妈？"晓月边玩边说。

"你生病了是不是骗妈妈的？"妈妈看着她的眼睛，严肃地说。

"什么……没有啊，我就是生病了，干吗骗您啊？"晓月说话时头一直不敢抬起来，而且情绪明显低落了很多。

"你最好不要骗妈妈，否则妈妈会很失望的。"看到晓月的反应后妈妈就明白了，但是为了保护女儿的自尊心，妈妈没有继续批评她。自此以后，晓月再也没有出现过类似的情况，也不敢轻易在妈妈面前撒谎。

在生活中，几乎所有的孩子都撒过谎，当家长第一次发现孩子撒谎时一定要重视起来，不能掉以轻心，否则会错过最佳的教育时机，给了孩子第二次、第三次撒谎的机会，慢慢地孩子就会养成爱撒谎的坏习惯。

孩子撒谎的原因有很多。首先是家长或老师不允许孩子说实话。比如妈妈问孩子："宝贝，你说妈妈这件衣服好看吗？"孩子明明觉得不好看，但为了让妈妈高兴，便撒谎说："很好看。"而这时妈妈非常高兴，而且还奖励他。所以，有时候爱撒谎的习惯也是从说善意的谎言开始的。还有，有的家长自身就喜欢说谎，孩子天天和父母待在一起，当然会受到一定的影响，变得爱撒谎。所以家长要以身作则，不能轻易在孩子面前撒谎，也不能强迫孩子说谎，否则会给孩子的性格和人格形成带来不良的影响。

有时候孩子撒谎是为了逃避责任，因为他们知道，如果承认了错误，肯定会被老师和家长责骂，所以干脆不承认。

赵小豪在学校踢球时不小心把教室的窗户玻璃打碎了，当时一起玩儿的几个伙伴都说："没事，就说不知道是谁干的，反正也没其他人看见。"赵小豪一想，也对，否则又要被妈妈骂了。

第二天，老师发现玻璃碎了以后便生气地问："说，是谁干的！"

班里鸦雀无声，没有人站出来承认错误。

"张梅，昨天放学以后谁是最后离开学校的？"老师问班长。

"我也不清楚，我走的时候还有赵小豪他们几个，后来就不清楚了……"班长回忆着说。

"你别血口喷人，不是我们干的！"班长刚说完话，赵小豪就站起来大声说。

"我又没说是你们干的，你嚷嚷什么！"班长盯着他说。

"我只是不喜欢别人诬陷我……"赵小豪不说话了，赶紧坐下。

"放学以后你们做什么了？"老师问。

"踢球……不过，玻璃碎了与我们无关。"赵小豪意识到自己说错话了，赶紧解释了一句。但是这一举动无非是"此地无银三百两"，老师一听就知道具体情况了。

最后，老师请来了赵小豪的妈妈，让小豪妈妈赔偿了更换玻璃的费用。看到紧张地站在一旁的小豪，妈妈生气地说："做错了事还不承认，我平时是怎么教育你的，是不是又欠揍啊？"

小豪一听，更紧张了，话都不敢说。

"小豪妈妈，其实，孩子犯错是很正常的，您只要好好教育就可以了，

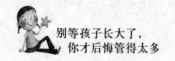
惩罚会增加孩子的恐惧感，所以孩子犯了错也不敢承认，因为他害怕又要被责罚，我的意思您懂吗？"看着被吓得有点颤抖的小豪，老师诚恳地对小豪妈妈说道。

"哦，我懂了，我一直觉得严厉一点孩子就不敢犯错了，谁想到反而更严重了。"小豪妈妈笑道。

对于犯了错的孩子，家长尽量不要过分责罚，因为这样会给孩子一种意识，要是承认自己犯错了，家长就会惩罚我，所以不如坚决不承认。久而久之，孩子就养成了爱说谎的坏习惯。所以，如果孩子勇于承认错误，家长应该适当地表扬一下孩子，肯定孩子的诚实，然后再帮助孩子分析犯错的原因，找出解决问题的办法，让孩子不断地完善自己。

孩子说谎有时也是为了满足自己的欲望，比如想得到别人的钦佩、父母的赞赏，等等。

小龙在跳远比赛中得了第二名，他有些不甘心，对第一名的同学耿耿于怀。

"小龙，你是亚军啊，不错了。"同学们说。

"这有什么的，要不是我不小心滑了一下，第一名肯定是我，我们的成绩只差一厘米。"小龙说道。

"真的吗？那是挺可惜的，没事，下次继续努力。"同学们鼓励他说。

其实，小龙和第一名的成绩差了将近十厘米，为了让同学们羡慕和钦佩他，他便说了这样一个谎话。

当孩子为了得到想要的荣誉而撒谎时，家长首先要肯定孩子的优点，告诉孩子："你是有这个实力得到第一名的。"然后再让孩子明白，第一名的荣誉是要靠自己的努力得到的，不能用撒谎的方式来欺骗他人获得赞赏，并鼓励孩子继续努力，争取下次取得更大的进步。

帮助孩子养成节约的好习惯

现如今，孩子们的生活条件大都比较好，要什么就有什么，导致大多数孩子并没有节约的意识。我们经常看到很多孩子把漏了一个小洞的袜子扔进垃圾桶，用一大盆水洗一小件衣服，或者把半新的笔扔掉，随意在崭新的纸张上乱画等，虽然他们不是有心要这样做，但却造成了一定程度的资源浪费。

作为家长，要在日常生活中帮助孩子养成节约的好习惯，让孩子懂得珍惜食物和生活用品，从而认识到节约的重要性。

夏天一到，阿生和家里的空调就特别亲，无论是白天还是晚上都要开着，爸爸妈妈都觉得有点冷了，他却说："哎呀，这么热的天，你们怎么会觉得冷呢，反正空调不能关，要不你们盖厚一点吧。"爸爸妈妈

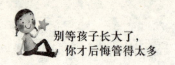
拿他没辙，只好由着他。

"妈妈，我的头有点疼啊，真不舒服。"有一天早上，阿生起床后嚷嚷道。

妈妈想了想，说："肯定是着凉了，都是吹空调吹的，费电又伤身，以后别吹了。"

"不吹空调，那多热啊！"阿生很不愿意地看向妈妈，一只手还在用力敲打着额头，以缓解头痛。

妈妈拿着今天早上送来的电费单据，对他说："咱们家这个月的电费比上个月多了三百多元呢，都是你开空调闹的。"

"怎么可能啊，一个空调能那么费电吗？"阿生惊诧地问道。

"当然可能，你一回家就打开，而且还开了一个晚上，能不费电吗？"妈妈说。

"我不管，反正空调也不是我一个人用的，别找我说电费的事情。"阿生连忙推卸责任。"好吧，那咱们一家三口就平摊电费吧，你把自己每个月的零花钱贡献出来。"妈妈建议道。

"凭什么呀，我的零花钱本来就不多，现在还要交电费，我不干！"阿生生气地说。

"不想交电费，可以，以后就省着用电，晚上把空调关上。"看着阿生着急的样子，妈妈给他出了个主意。

"好吧，以后我不开着空调睡觉了，可是天气很热啊，怎么解决？"阿生问。

妈妈笑着对他说："没空调不要紧，冰箱里有很多冰块，你今天就试着用冰块来降降温吧。"

"什么,冰块?!"阿生无奈地耷拉着脑袋,心里暗想,我们的生活都回到古代了,降温只能用冰块。

不过这个办法还是挺管用的,家里用空调的时间大大减少了,电费也降低了,阿生总算保住了自己的零花钱。

一天,妈妈正在洗衣服,阿生看见妈妈把盛洗衣粉的袋子用水涮了好几遍,他笑着说:"妈妈,一个空袋子您还要洗干净再扔啊?"

妈妈说:"傻小子,洗衣粉袋子上还残留了很多洗衣粉的,这样可以节约一点。"

"至于吗,咱们家又不是买不起洗衣粉!"

"我不是心疼钱,而是心疼洗衣粉。你啊,什么时候才懂得节约啊!"妈妈无奈地摇了摇头。

事例中的阿生不是一个特例,在许多人的生活中这种浪费的现象很普遍。当孩子浪费粮食或者生活用品时,父母不应该不管不顾,否则会让孩子浪费成性,而且他们将来在管理自己的家庭时也会觉得棘手。

孩子有浪费的习惯,家长要注意教育,但不要用惩罚的方式。现在的孩子节约意识本来就薄弱,他们不认为自己有浪费行为,如果家长对他们又打又骂:"你看看你,就知道浪费,一点也不懂得珍惜!"他们不但不会改正,心里还会很不服气:"有什么了不起的,明天再买就是了!"所以,想要让孩子改掉浪费行为,让孩子成为节约小达人,家长还是要让孩子亲自体验一下生活,真正认识到节约的重要性。

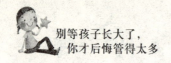

暑假的时候，家长可以带孩子去自己上班的地方看一看，让孩子体验一下家长赚钱多么辛苦，如果孩子认识到了这一点，在生活中他就会有意识地节约一些。家长也可以带孩子去一些制作生活用品的工厂转一转，让他们明白，一个碗、一个杯子甚至一根牙签的制作都需要经过很多道工序才能完成。一个碗一秒钟之内就能打碎，但是制作过程有很多道工序，如果孩子能够体会到每一样物品都是得来不易的，那么他们也会注意节约，乃至珍惜生活用品。这种体验生活的方式远比惩罚孩子更有教育效果。

"在工作上，要向积极性最高的同志看齐；在生活上，要向水平最低的同志看齐。"这是雷锋的经典话语，意思是说，工作要努力，生活要节约，这种勤俭节约的精神已经影响了几代人，家长也应让它在孩子身上继续传承。

孩子不可能天生就懂得如何节约，需要家长在生活中不断地教育。比如节约用水，家长要告诉孩子，节约用水不是限制用水，而是合理、高效率地用水。洗完脸的水可以用来洗脚，洗过脚的水可以用来冲马桶，洗了菜的水可以浇花，水龙头坏了要及时修理等。这些虽然都是一些小细节，但能够让孩子认识到，水是要节约的。用电也是如此，家长要告诉孩子，家里的电器和灯具都是节能的，灯要及时关，衣服要泡过了再用洗衣机洗，夏天空调的温度不能调得太低等。还有节约煤气、粮食等生活细节，家长都可以慢慢地告诉孩子，一点一点地让孩子接受节约的意识，并懂得节约的目的。

除此之外，家长还可以让孩子多看一些关于贫困地区的报道，让孩子了解到中国乃至世界上还有许多资源紧缺的地方，自己节约一点，那些贫困地区就可能多得到一点。

和孩子一起爱上学习

孩子的学习一直是家长非常关心的问题，每位家长都希望自己的孩子是个优等生，但是，很多孩子都不能如父母所愿。为此，有的家长会对自己的孩子非常严格，动不动就又打又骂，以为这样就能让孩子提高成绩，其实这种教育方法只会起到反作用，让孩子越来越厌学。聪明的父母不会因为学习的事情惩罚孩子，他们知道，只有让孩子爱上学习，并掌握一定的技巧才能够提高成绩。

金哥学习一向是胡子眉毛一把抓，一点计划都没有，成绩自然不太好。为此，爸爸和妈妈都很担心，想了很多方法帮他改正错误，可惜效果都不明显。

一次，妈妈向朋友诉说："我那个儿子啊，学习根本没计划，成绩总是不见进步，愁死我了。"

朋友说道："我的女儿之前也是一样的，后来就改掉了。"

"是吗，你用了什么方法？"金哥妈妈兴奋地问。

"你还记得我上学的时候有什么习惯吗？"朋友笑着问。

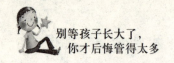
　　金哥妈妈想了想，说："哦，记起来了，你有好多小笔记本，专门用来记录自己各种计划的。"

　　"对，学习的计划、生活的计划、工作的计划，我都有，这个习惯我现在还在坚持。"朋友得意地说。

　　"可是这和你的女儿有什么关系？"金哥妈妈问。

　　"当然有了。一次，我女儿不小心看到了我的这些笔记本，觉得很好玩，于是就模仿我，开始给自己写各种小计划，后来这种方法便用在了学习上，所以成绩一直不错。"

　　"你的意思是让我也开始写生活和工作计划吗？"金哥妈妈问。

　　"当然不是，我是让你帮助孩子形成这种随时计划的习惯。不过，你也可以做个榜样。"朋友笑道。

　　"唉，他要学习，我也得跟着写计划，真是烦人！"金哥妈妈发愁道。

　　"你看看，妈妈都是个没有计划习惯的人，孩子怎么能学好呢！"朋友嘲笑道。

　　金哥妈妈听了也觉得有些不好意思。回到家后，她给儿子准备了几个笔记本，说："儿子，从现在开始给自己写学习计划，每天看一看，提醒自己学习要有条理。"

　　"可是很麻烦啊，我怕坚持不下来。"儿子皱起了眉头。

　　"没事，妈妈陪你，妈妈也开始写计划，我们一起进步。"妈妈笑道。

　　"好吧，不过您得坚持下来，否则我会半途而废的。"

　　"没问题，妈妈不会让你失望的。"

　　有了计划后，金哥的成绩果然有了进步，而妈妈把家里的生活也打理得更有条理了。

　　孩子天生是好玩儿爱动的，如果没有家长的教育，生活也没有什么条理，学习就更不用说了。想要提高成绩，制订学习计划是一个较为可行的办法。但是，孩子的心性还没有稳定，做事常常三分热度，所以很难坚持下来，为此家长就要给他们一些精神力量，告诉他们明确了目标才能够实现目标，而事例中的金哥也为我们验证了这一点。一个具体可行的计划能够让孩子消除迷茫，提高学习效率，而且可以让孩子在一个阶段结束后通过实际和计划之间的差别扬长避短，从而不断进步，并养成良好的学习习惯。就像荀子说的："不积跬步，无以至千里；不积小流，无以成江海。"每一个大目标都是在实现无数个小目标的基础上实现的，而每一个小目标也是经过无数个小步骤的积累才达成的。

　　家长要提醒孩子先了解自己的学习内容，然后根据实际需要制订相应的学习计划，什么内容是主要的、次要的，什么内容要细看、粗看等，有了计划之后学习起来就不会盲目了。

　　孩子刚制订计划时难免会有不完善、不合理的情况出现，这时候家长就要帮忙了。家长可以先让孩子结合自身的情况制订一份学习计划，然后家长再对其不合理的地方进行指正，让孩子不断地对计划进行完善。制订好学习计划以后，家长还要随时督促、辅导，让计划真正起作用。如果孩子按时完成了计划，并且实现了目标，家长应给予适当的奖励，这样可以激励孩子不断地进步，取得更好的成绩。

　　除了有计划之外，家长还要让孩子懂得管理自己的学习时间。

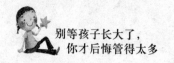
殷桃这次考试很不理想，在考试的过程中，她有好几门课程的试卷都没有答完。其实那些题目她都会做，只是没有分配好考试时间，直到交卷了还有好几道题没有写完。

回到家以后殷桃很伤心，哭道："妈妈，为什么我总是做不完题呢，这样下去，我的学习可怎么办呀？"

"别担心，妈妈会帮你的。"妈妈知道女儿有这个毛病，便到学校找老师帮忙。而老师也传授给妈妈一个很好的方法，妈妈决定试一试。

"桃桃，从今天起，咱们要学会控制自己的时间。"妈妈说。

"控制时间，时间怎么控制啊？"

"我们来制订一个时间表吧，把每天必须做的事情都写下来，然后再给自己规定一个标准时间，然后严格按照时间表的安排来作息，怎么样？"妈妈提议道。

"这样管用吗？"

"当然，相信妈妈。"

母女俩坚持了一段时间，慢慢地，殷桃写作业的时间缩短了，学习效率也提高了。在后来的几次考试中，殷桃对考试时间的把握也比较准确，没有再出现做不完题的情况。

做个时间表，用时间来约束孩子的遐想和小动作，能够慢慢提高孩子把握时间的能力。对时间有了较为准确的把握后，孩子的学习效率自然就能提高，成绩也会上升。而且孩子还能够正确、合理地安排自己的学习、游戏时间。

除了有学习计划和时间表外，家长还要注意让孩子学会提高课堂效率，而集中注意力听讲就是一个提高效率的好办法。培养注意力，家长可以先从孩子喜欢的事情入手，如唱歌、小实验等，一般在自己喜欢的事情上，孩子的注意力就比较容易集中，持续的时间也比较长。然后家长可以和孩子一起讨论这样学习的好处，以提高孩子的学习兴趣，促使他在其他课程上也提高效率。

丢掉坏习惯，养成好习惯

面对成绩较落后的孩子，有的家长总是说："你怎么这么笨啊，每次都不及格？"其实，孩子成绩的好坏一般情况下与智力无关，而是与学习习惯的好坏有关。研究发现，学习习惯较好的孩子容易考高分，而学习习惯不好的孩子则相反，经常是费了很多工夫，但成绩依然不理想。想要提高孩子的学习成绩，家长不能一味地责备孩子"笨""傻"或惩罚孩子，而要帮助孩子养成良好的学习习惯。

"儿子，你从来不用笔记本吗？"在检查儿子作业的时候妈妈发现儿子的书包里没有笔记本。

"不用。"儿子干脆地回答。

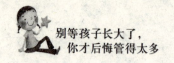
"我知道了，你很聪明，根本用不着记笔记……"话还没有说完，妈妈便看到了儿子的成绩表，"你的语文只有六十二分，数学七十九分，英语四十三分……这个成绩，也不能证明你很聪明啊。"

妈妈有点不高兴了，问道："为什么不做笔记？"

"我从来没有做过，也不会！"儿子答道。

"你还挺干脆，不会也不能不记啊。你小时候还不会穿衣服呢，那为什么现在会了？凡事都是可以学习的。"妈妈说道。

"我觉得记笔记没用。"

"怎么会没用？好记性不如烂笔头，老师讲课的时候，你要把重点记下来，这样才好复习啊。"

儿子说道："课上的东西我都听懂了，而且也没有什么重点可以记。"

"胡说，都听懂了成绩还这么差？"妈妈生气地说。

"我真的听懂了，也不知道为什么考试总是考不好。"

"你当时的确听明白了，但还没有深入理解，所以才要在课后进行复习，这样才能巩固知识。可是课后复习是离不开笔记的，有了笔记复习起来才更方便。"

听了妈妈的教导后，儿子答应道："好，我会学着记笔记的。"

妈妈高兴地说："这才是我的乖儿子。"

第二天，妈妈认真看了看儿子的笔记，真是又可笑又可气。

"儿子，我不得不佩服你的勤奋，你居然把老师说的每一句话都记下来了。但是，这样记是不对的。"妈妈无奈地说。

"我本来就不会记嘛，我已经说过了。"儿子说道。

　　"可是，那也不能这样记啊……"妈妈无语地摸摸额头，实在是不知道说什么好。

　　记笔记是很必要的，不但可以提高课堂学习效率，还有利于减轻复习负担。但是，很多孩子不会记笔记，常常盲目地记录老师的话，不但课上的内容没有吸收，课下复习起来也很棘手，反而降低了学习效率。就像事例中的儿子一样，把老师课上说的每一句话都记下来，其实这样做是没有多大意义的。

　　对于不会记笔记的孩子，家长没必要对其进行训斥，因为训斥一百次不如告诉他一次记笔记的方法。家长要告诉孩子，在记笔记的时候，不能只顾低头书写，而要注意听课，当老师说到重点知识和自己不懂的难点时才需要记下来，这样才方便课后复习。当孩子全身心记笔记时，一堂课下来，他也只能记住老师所讲的内容的一半。而记录重点和难点，则能消化绝大部分知识。家长还要提醒孩子，记笔记时提高写字的速度，不必要求工整和语句通顺，只要自己认识，能记住其意思就行。如果必要的话，家长可以传授给孩子简单的速记方法，让孩子形成自己的笔记风格。

　　除了记笔记之外，经常总结错题也是一个很值得培养的学习习惯。有的孩子经常做错同一类题目，每次考试都要丢分，这就是不善于总结错误造成的。很多孩子做错了题，却不知道错在哪里，而且这次知道了原因，下次做类似的题时还会出错，为此老师和家长都十分头疼。我们也知道这是孩子不善于归纳总结的缘故，但是纠正起来往往效果不明显。原因在于孩子不知道为什么总结、怎么总结，没有形成归纳总结的逻辑性思维。

　　面对"屡错不改"的孩子，家长不能太过严厉，也不能因心情急躁而讽

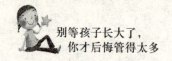
刺、嘲笑孩子。要知道，孩子正是通过纠正错误来提高自己各方面的能力的，从另一个角度来说，孩子犯错也是一件好事。因此，家长要耐心教导孩子形成归纳总结的逻辑性思维。

为了让孩子更清楚地认识、总结自己的错误，家长可以给孩子准备一个错题本，让孩子把每个科目的错题都抄下来，总结错误的原因和解决方法，然后家长再做一些必要的指点。一段时间后，孩子就不会再做错同一类的题目了，这样也能帮助孩子巩固知识，提高成绩。

此外，家长还应该让孩子重视课前预习的作用，养成课前预习的好习惯。研究表明，孩子在课堂上的注意力只能集中十至三十分钟。换言之，孩子在课堂上的学习时间只有部分是有效的。如果孩子在课前进行预习，那么课上就会有目的地听课，抓住重点和难点听，从而提高学习效率。

对于预习，家长也可以传授给孩子一些技巧。首先，家长要弄清楚孩子的预习情况，比如孩子预习时是敷衍了事，还是专心细致，是否进行思考，是否参考工具书尝试自主解决问题等，然后再根据孩子的具体情况进行辅导和督促。长此以往，孩子就可以养成良好的学习习惯，即使没有家长的督促和辅导，他也能进行系统而有效的预习。